VOUDON GNÓSTICO

INTRODUÇÃO AOS RITOS E PRÁTICAS

CB009347

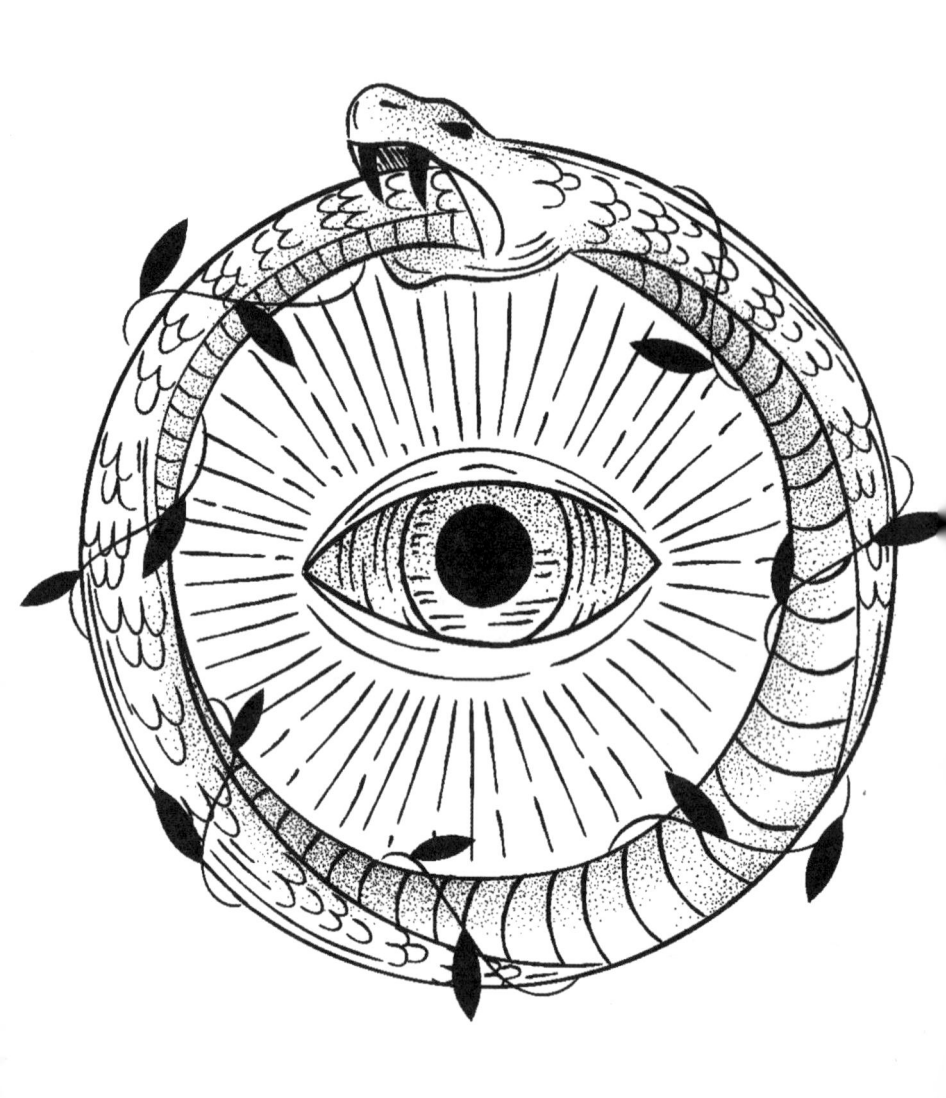

VOUDON GNÓSTICO

INTRODUÇÃO AOS RITOS E PRÁTICAS

FRATER VAMERI

Dados Internacionais de Catalogação na Publicação (CIP)

V216v	Vameri, Frater (Eduardo Regis)
	Voudon Gnóstico: introdução aos ritos e práticas / Frater Vameri (Eduardo Regis). - São Paulo : Arole Cultural, 2024.
	ISBN 978-65-86174-33-5
	1. Ocultismo. 2. Gnosticismo. 3. Religiões afro-ameríndias. 4. Feitiços. 5. Esoterismo. I. Título.
	CDD 133
2024-1896	CDU 133

Elaborado por Vagner Rodolfo da Silva
CRB-8/9410

Índices para catálogo sistemático:

1. Religiões africanas 133
2. Religiões africanas 133

Dedico este livro aos *Les Vudu*, que digitaram todas essas palavras junto de mim. Dedico também ao meu iniciador, Frater Selwanga e ao grande explorador de universos conhecido pelo nome terreno de Michael Bertiaux.

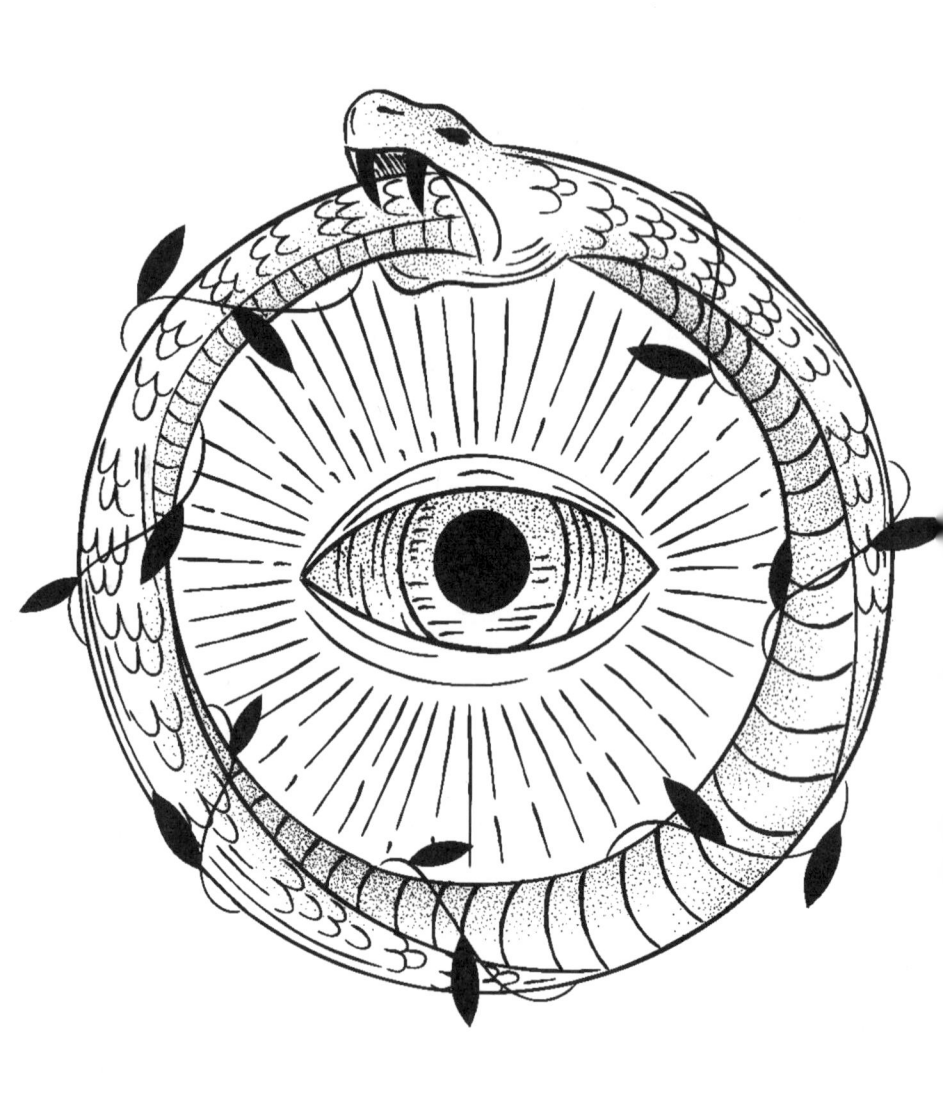

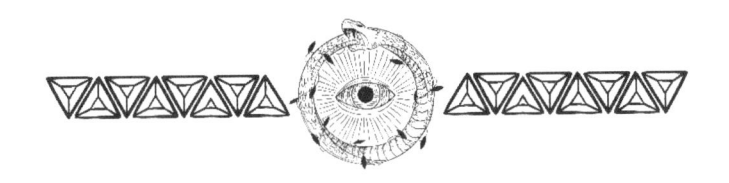

Agradecimentos

Agradeço à minha esposa, Andrea, por todo o seu apoio. Também sou muito grato aos meus irmãos na família OTOA/LCN, especialmente Katy, Alu e Sean Woodward. Preciso também agradecer ao Nicholaj de Mattos Frisvold, por sua introdução maravilhosa e muito informativa neste livro, e ao Sébastien de La Croix, por sua contribuição incrível com o texto de posfácio. Finalmente, sou muito grato ao Diego de Oxóssi, editor da Arole Cultural, pelo trabalho fantástico neste livro, e ao administrador da página do Facebook "Michael Bertiaux, Artist", Ariock Van de Voorde, por gentilmente permitir a reprodução de uma de suas fotos.

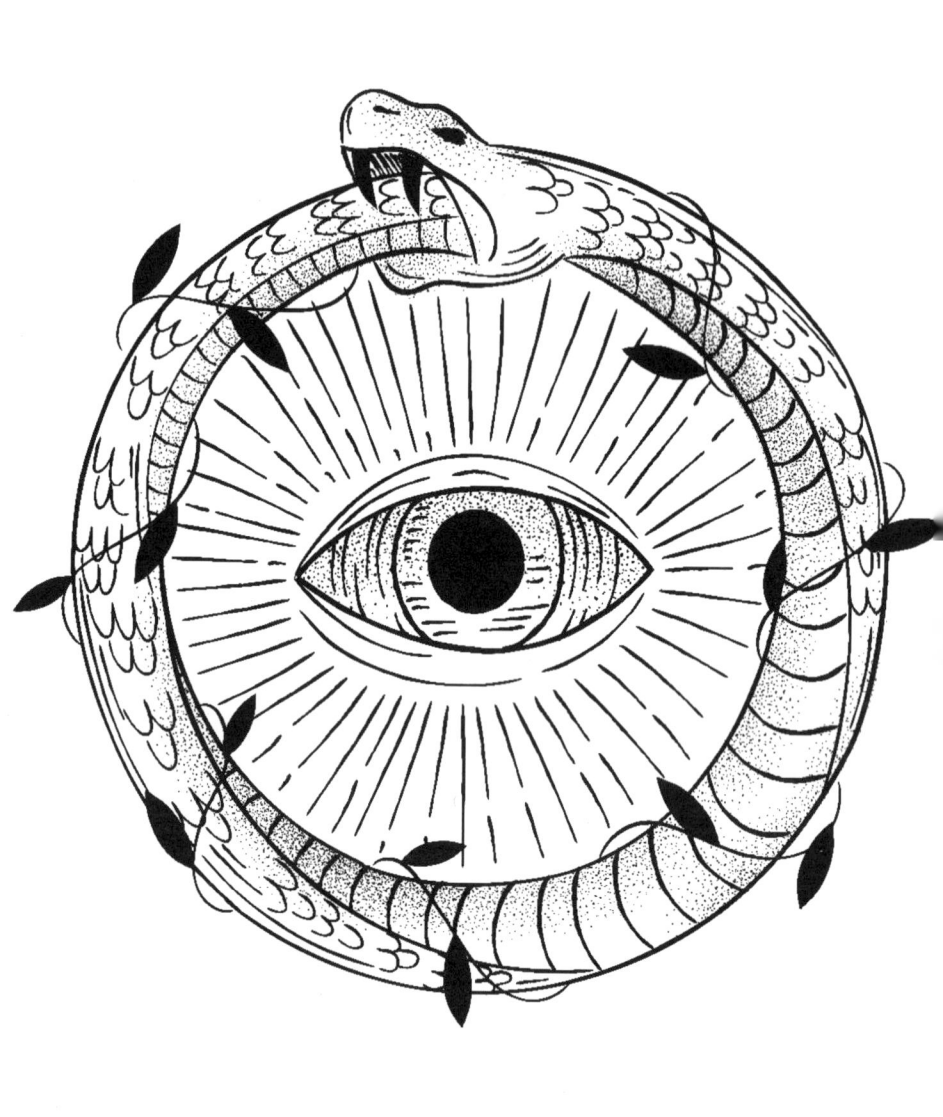

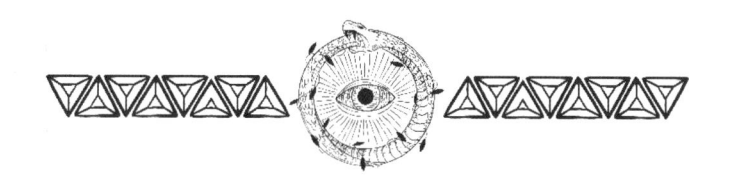

ABRINDO OS PORTAIS DA MAGIA

De acordo com o dicionário, **magia** é a "*arte, ciência ou prática baseada na crença de ser possível influenciar o curso dos acontecimentos e produzir efeitos não naturais, valendo-se da intervenção de seres fantásticos e da manipulação de algum princípio oculto supostamente presente na natureza, seja por meio de fórmulas rituais ou de ações simbólicas*"[1].

Assim, nas diversas culturas do mundo, a observação da influência das fases da lua, dos ciclos das marés e das mudanças das estações no nosso cotidiano; o uso de plantas para a cura e manutenção da saúde; os fenômenos e forças da natureza, tais como os trovões e tempestades, os ventos, o fogo, as águas e as matas; a inevitabilidade da morte e a crença na continuidade da existência após o óbito... Enfim, tudo aquilo que existe, mas que foge à explicação racional e é alheio ao controle objetivo do Ser Humano, nos chega envolto em mistérios, muitas vezes assumindo simbolismos e caráteres mágicos e, por que não dizer, divinos.

Com isso, desde os tempos imemoriais, a magia está no nosso dia a dia, assumindo formas e ritos distintos de acordo com os

---

[1] https://languages.oup.com/google-dictionary-pt

costumes e culturas de quem a pratica. Afinal, não existe uma única forma de fazer magia: ao contrário, em cada momento da história, cada povo, raça e etnia desenvolveu sua própria relação peculiar e individual com o invisível e buscou estabelecer maneiras de interligar o mundo físico com o mundo mágico-espiritual.

Assim, falar de magia é falar da pluralidade humana em sua essência e reconhecer que há tantas formas possíveis de enxergá-la e praticá-la quanto há formas possíveis de SER humano. Não por acaso, desde sua fundação em 2015, a Editora Arole Cultural busca retratar essa pluralidade voltando o olhar às tradições africanas e afrodiaspóricas, amplificando as vozes sobre as práticas Negras da espiritualidade, da magia e da fé. Candomblé, Batuque, Umbanda, Quimbanda, Jurema, Tambor de Mina, Vodu, Ifá, Isese Lagba... As tradições afrodescendentes são e sempre serão o coração e a marca registrada das publicações da Arole Cultural.

Porém, outras formas de magia, com origens distintas, se desenvolveram com o passar dos séculos e o livro que você agora tem em mãos é uma prova disso. Assim, é com imensa alegria que o lançamento de "Voudon Gnóstico" marca, também, o lançamento do selo editorial **Littera Rubra**, dedicado a trazer ao público leitor conteúdos sobre interseções e expressões plurais de magia, fé e espiritualidade para além das práticas afrodescendentes. Ocultismo, misticismo, esoterismo e formas de magia plurais e não-tradicionais serão o tempero dos livros publicados sob a marca **Littera Rubra**. Caro leitor, permita-se saborear, também, estes novos sabores!

Diego de Oxóssi

Babalorixá, Chefe de Quimbanda
e Editor da Arole Cultural

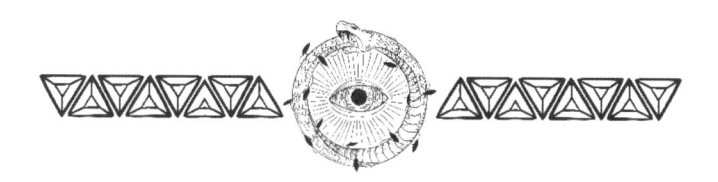

SUMÁRIO

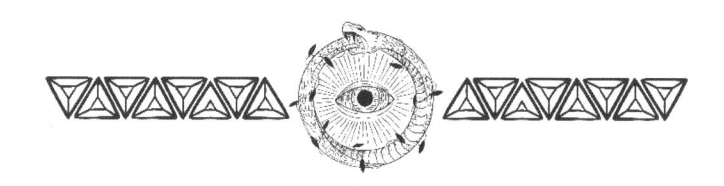

Apresentação

Neste livro falo sobre magia, aranhas, espíritos, caixas estranhas, Lovecraft e muito mais. O que tudo isso tem em comum? Eu, é claro. Confuso? Tudo se explicará em breve. Primeiro, deixe-me contar sobre quem eu sou, como este livro surgiu e por que você deveria lê-lo.

O trabalho que você tem agora em mãos é resultado de um esforço egoísta. Sim, (quase) tudo que escrevi nas páginas aqui impressas, escrevi apenas para organizar minhas ideias ou para conversar com meu iniciador. Só depois que percebi o que havia escrito, mudei alguns trechos para abranger o público externo e comecei, então, a escrever um pouco mais pensando nesse novo público.

Você deve estar se perguntando agora quem diabos é esse Vameri e por quê deveria se esforçar para ler este livro. Afinal, por que você deveria prestar atenção a qualquer uma das minhas palavras?

Deixarei que você julgue se deve continuar ou abandonar a leitura, mas posso fornecer algumas informações que podem ajudá-lo a tomar essa decisão. Tenho me envolvido com o ocultismo e a espiritualidade já há algum tempo. Você pode ou não já ter lido alguns dos meus trabalhos anteriores (assinados como Eduardo Regis, meu nome de nascimento) em algumas antologias e livros (uns em inglês, outros em português) sobre magia e religiões afroameríndias. Especificamente, venho trabalhando há algum tempo no sistema Golden Dawn (Aurora Dourada) e em outras tradições como o Martinismo, o Vodu haitiano, a Umbanda e a Quimbanda. Além disso, estive envolvido com a tradição do Voudon Gnóstico por meio da *Ordo Templi Orientis Antiqua* (OTOA).

É no âmbito da OTOA e do Voudon Gnóstico que este trabalho se insere. Não é por acaso que dediquei um livro inteiro a esta tradição, afinal, para mim, este é um sistema importante e transformador. Comecei meu trabalho no Voudon Gnóstico e na OTOA há alguns anos com meu iniciador, Frater Selwanga, e logo ficou evidente que eu estava prestes a enfrentar um desafio. O que a OTOA e o Frater Selwanga me pediram foi que encontrasse o meu próprio universo mágico interior, que o organizasse e que descobrisse e me envolvesse com os meus próprios poderes e habilidades. Fácil? De jeito nenhum! Porém, imagine comigo as recompensas incríveis. Pense em quantas descobertas e maravilhas estão ao aguardo daquele que está focado nessa tarefa. Não é uma jornada verdadeiramente alquímica e mágica?

Por exemplo, foi por meio do trabalho no sistema Voudon Gnóstico que descobri uma ligação muito antiga minha com as aranhas - e se você decidir continuar lendo este livro, aprenderá um pouco sobre essa parte do meu trabalho. Além disso, a exploração de minhas próprias veias e ossos mágicos tem revelado alguns ótimos *insights* sobre como a magia funciona e ainda melhor *sobre como a magia pode funcionar especificamente para mim*. Afinal, se somos pessoas e seres muito diferentes, por que a magia deveria ser igual para todos nós? Faz sentido que funcione um pouco diferente para mim e para você, certo? Faz ainda mais sentido (eu acredito) que alguns símbolos, gatilhos e rituais mágicos sejam mais atraentes para mim do que para meu vizinho. É claro que já sabemos disso há algum tempo, daí as muitas tradições mágicas que temos por aí - mas mesmo dentro dessas tradições deve – ou deveria - haver espaço suficiente para a criação!

De certa forma, esse sistema é uma estrutura com grande plasticidade. O que quero dizer é que pode combinar com tantos adereços e unir-se a tantas ideias e correntes que não se poderia dizer duvidar da sua adaptabilidade. Por outro lado, o referido sistema tem uma estrutura e uma lógica muito sólidas. Através das explorações de todos os mecanismos desse sistema pode-se desenvolver muitos novos poderes mágicos e realmente aprofundar-se nas descobertas e conquistas. Na verdade, é um sistema para pessoas que querem realmente mergulhar neste oceano de possibilidades mágicas.

Um exemplo do que consegui através do Voudon Gnóstico é este livro - uma construção do trabalho mágico que realizei nos últimos anos. De certa forma, pretende ser uma introdução, uma orientação sobre o tema. Entretanto, também é produto da minha própria magia. Ninguém mais poderia tê-lo escrito. Não porque seja perfeito ou superior aos outros, mas porque é um reflexo de quem eu sou - e o espelho que usei para alcançar isso apresento aqui a vocês ao longo das páginas destes textos. Por isso resolvi assinar o livro como Frater Vameri (meu mote mágico na OTOA): para mostrar que este é o resultado de um trabalho possível graças às instruções e ao apoio que encontrei no sistema do Voudon Gnóstico.

Este trabalho não foi planejado. Simplesmente aconteceu. Enquanto acontecia, percebi que poderia compartilhar o que havia entendido até agora, a fim de preparar o caminho para aqueles buscadores que não conhecem tão bem o Voudon Gnóstico ou para aqueles que tentaram conhecer o sistema, mas se sentiram intimidados pela complexidade de suas obras seminais, como *The Voudon Gnostic Workbook,* de Michael Bertiaux.

Percebi, ainda enquanto digitava as palavras do corpo principal deste trabalho, que ele poderia servir como um bom ponto de entrada aos interessados. Acontece que não existem muitos livros sobre o Voudon Gnóstico por aí e a maioria dos que estão disponíveis não foram produzidos pensando no iniciante. Fez parte do meu plano, portanto, transformar este meu livro em um portal onde alguém pudesse atravessar e sair pelo outro lado um pouco mais íntimo do Voudon Gnóstico e da OTOA.

Porém, talvez você tenha acabado de abrir este livro em uma livraria ou que esteja lendo uma prévia em um site não tenha ideia do que é o Voudon Gnóstico e de quem seja esse tal de Michael Bertiaux, que mencionei. Muito menos, ainda, o que esse homem teria a ver com isso tudo. Apresento uma discussão detalhada sobre a história da OTOA e falo bastante sobre Bertiaux no livro, mas deixe-me apresentar um sumário rápido: Bertiaux é um ocultista curioso que viajou para o Haiti, onde foi iniciado na OTOA, voltou para os Estados Unidos e começou a divulgar e ensinar o sistema mágico dessa ordem. Tal sistema viria a ser conhecido como o sistema do Voudon Gnóstico. Em suas raízes, a OTOA é uma mistura de diferentes correntes mágicas e místicas com uma boa dose de Vodu haitiano e gnosticismo, daí o nome Voudon Gnóstico. É imperativo compreender, porém, que o Voudon Gnóstico não é igual ao Vodu haitiano e que nunca afirmou ser idêntico à religiosidade nativa do Haiti.

Com isso, reafirmo que o Voudon Gnóstico não é uma religião - e isso se tornou uma grande fonte de confusão para alguns. Por causa da palavra *Voudon*, muitos entendem prontamente que esse sistema é de alguma forma um tipo de *corrupção* do Vodu. Essa é uma suposição errada. O Voudon Gnóstico nasce nas entranhas do Vodu haitiano, como uma espécie de tradição esotérica praticada por alguns místicos e sábios haitianos, mas definitivamente não é o mesmo que a religião chamada Vodu. Assim, em suma, este não é um livro sobre qualquer tipo de religião. O assunto aqui é outra coisa.

Em sua essência, este é um livro sobre prática de magia, como já sugeri muitas vezes nesta apresentação. Às vezes é difícil separar magia e religião, mas aqui temos um caso em que essa diferença é mais pronunciada. Dessa forma, escrevi este livro presumindo que o leitor esteja familiarizado com algumas das ideias, noções e conteúdos mágicos mais comuns. Este é um livro para magos. Todos. De todos os tipos.

Então, se você está interessado no ocultismo e nunca ouviu falar desse sistema, eu realmente acho que você vai gostar do que este livro pode lhe mostrar. Se você é um daqueles que já ouviu falar da OTOA e do Voudon Gnóstico e achou tudo isso uma bobagem, bem, eu também te convido a ler este livro. Talvez você mantenha sua opinião, mas ao menos terá mais conhecimento sobre o tópico. Nunca é demais saber mais sobre um assunto.

Acho que já está claro que este trabalho começou como um ato individualista, mas agora está sendo frutificado como uma doação minha para os leitores. Porém, não pretendo me colocar como um grande mestre ao escrever esta obra. Eu não sou nada disso. Sou apenas um homem que fez experimentações bem interessantes, estudou e compartilhou seus pontos de vista com o público. Acredito que teríamos uma comunidade ocultista mais saudável e vibrante se as pessoas compartilhassem o que vivenciaram e o que sabem. Então, esse sou eu tentando fazer isso. Que os interessados neste sistema encontrem minhas palavras e que elas os ajudem.

Por fim, desejo ofertar a seguinte invocação - que sugiro ser lida agora mesmo, antes de prosseguir. Boas leituras e boas viagens.

> *Enquanto estou diante deste portal peço a Les*
> *Vudu que brilhem sua luz.*
> *Não há escuridão na qual eu não possa penetrar.*
> *O caminho agora está livre. Pedras, paus, víboras e*
> *ossos, todos nos seus lugares.*
> *Não há veneno ou medo que possa me afastar.*
> *Eu sou o alquimista.*
> *Eu sou o mago.*
> *Eu sou o homem (mulher) do Hoodoo.*
> *Eu sou o homem (mulher) do Voudon.*
> *Como Moisés-Legbah, pelo poder de Damballah,*
> *abriu o mar.*
> *Agora eu ativo todo o fogo e todo o trovão dentro*
> *de mim.*
> *Como é meu direito, reivindico para mim o olho*
> *de Odin.*
> *Eu sou um com Les Vudu e sinto sua magia*
> *pulsando em minhas veias!*

Frater Vameri
Eduardo Regis

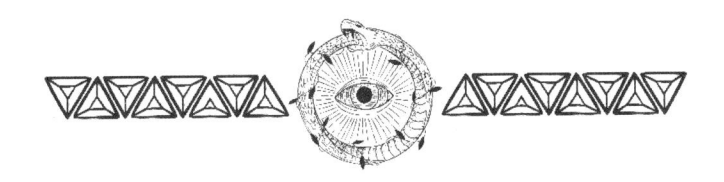

Vûdû Gnóstico: Uma Introdução

No entardecer do dia 6 de julho de 1974, uma conjunção muito interessante tomou forma, na qual o Sol, Saturno e Mercúrio estavam todos alinhados no signo de Câncer, junto de Vulcano e de *Sol Niger*. Uma conjunção intensa, também conhecida como "O Portão do Homem". Este momento astrológico ocorre quando o solstício lunar abre o véu aquoso do verão por entre os mundos, de maneira que os homens possam atravessar os reinos dos mistérios ocultos com maior facilidade, um momento perfeito para que o contato com espíritos seja feito possível. Naquela noite, na casa de Marc Lully, o Dr. Bertiaux e o Dr. Jean-Maine estavam presentes com mais quatro pessoas, conduzindo uma sessão espírita. Aquela foi uma das muitas sessões espíritas que aquelas sete pessoas do círculo interno dos mistérios estavam conduzindo, mas o tutor espiritual que se comunicou por aquela sessão estava enfatizando dois elementos de grande importância no Voudon Gnóstico. Em primeiro lugar, como o sacerdócio do Voudon Gnóstico era um tipo místico de sacerdócio. Um sacerdócio que continuaria o trabalho de Jules Doinel, que fundara a *Église Gnostique* em 1890. Porém, o trabalho de Doinel foi compreendido apenas como um despertar. Os sacerdotes místicos reunidos à mesa no apartamento de Marc Lully foram convocados a trabalhar não apenas o *Aeon*, ou Cristo-Logos, de Doinel, mas também o *Daemon*. Isto tomaria a forma de uma *"nova imagem da religião afro-atlante e de sua filosofia, a nova ordem da experiência da fé-Vûdû e a nova gnose de oráculos renascidos"*[2]. Esta nova forma de Vûdû entendeu Legba como o *Aeon* propagado por Doinel, assim, Legba-Cristo foi estabelecido como o *Aeon* que complementaria a família Ghuedhe de Lwas como o *Daemon* neste *syzygy* sob a bandeira do Voudoun Esotérico ou Vûdû Gnóstico. Portanto, aqui nós encontramos um equilíbrio perfeito entre os dois luminares do céu, o Sol e a Lua, por meio da família de Legba e da família de Ghuedhe.

Este sacerdócio místico era representado por "magos-artistas", "xamãs-semióticos" e "pesquisadores ocultos" ou, como Bertiaux escreve em seu *Voudon Gnostic Workbook*[3]: *"O artista gnóstico é um mago quando ele permite que a energia divina da iluminação criativa e cósmica entre em sua consciência multidimensional e assim desperte os anjos de sua inspiração."* De maneira a auxiliar neste trabalho, o artista gnóstico tem como seu mapa, ou se uma metáfora culinária for oportuna, seu livro de receitas pronto à mão, a saber, o livro *The Voudon Gnostic Workbook* de Michael Bertiaux, publicado em 1988.

Este trabalho foi algo completamente diferente e eu me recordo de quando eu obtive minha cópia deste livro volumoso que estava escondida em uma prateleira repleta de cachecóis e de cristais em uma loja em Oslo que vendia roupas, incenso e produtos importados da Ásia. Eles haviam escondido o livro por conta da

---

[2] Michael Bertiaux: Ontological Grafitti. Fulgur 2016: 126
[3] 1988: 266

terrível palavra "voudon", que todos sabiam que era associada ao mal, o atendente do caixa me disse. Ah! Se ele ao menos tivesse se dado ao trabalho de abrir o livro e de ler seu conteúdo, onde encontramos no início do capítulo 9 que o propósito do mago é *"de afastar os poderes do mal"*. Enfim, estou me desviando do assunto. Isto foi em 1992 e isto me levou a encontrar os trabalhos de Kenneth Grant enquanto buscava por algo que pudesse esclarecer para mim o livro *The Voudon Gnostic Workbook,* assim, a publicação de 1975 de Grant - chamada *Cults of the Shadow* - foi uma leitura muito bem-vinda. Era um texto muito profundo.

Assim como Bertiaux, Grant pode ser difícil de ser acessado já que ele também está trabalhando dentro do reino da arte gnóstica, sem mencionar sua logomaquia esotérica da cabala. Desta maneira, a busca por compreender o sistema mágico de Bertiaux está fadada a trazer frustração e confusão, já que o livro *The Voudon Gnostic Workbook* é projetado para que você, o leitor, o explorador gnóstico, o homem do Hoodoo, descubra seu próprio "sistema" ou mais precisamente, sua "ontologia mágica". É nesta virada que muitos leitores se perdem e descartam esta obra-prima, por conta da busca por um *sistema* no sentido de algo lógico e ordeiro, não da lógica esotérica que Bertiaux utilizou para compor e manifestar aquelas lições e ensinamentos. É também vital manter em mente que o trabalho de Bertiaux, seu órgão de ensinamentos, o Monastério dos Setes Raios, e suas ordens, OTOA e o Culto da Cobra Negra (LCN) são, em seu âmago, espiritualistas e, assim, os ensinamentos dados por outras inteligências são fundamentais, como é evidenciado pelo fato de muitas lições do *The Voudon Gnostic Workbook* serem atribuídas ao tutor espiritual fornecendo os ensinamentos e lições.

Outro elemento importante é a filosofia. Bertiaux está apresentando uma "ontologia mágica" por meio das lentes de Heidegger, Bergson e de Husserl, o que significa que ele está nos convidando a explorar um número quase infinito de estados de ser para que possamos encontrar ressonância e referência. O VGW é escrito para auxiliar neste trabalho. Assim, a exploração de paisagens estranhas, sejam elas a Cidade de Fa, Meon/Universo-B ou do Império Zothyriano irão, por fim, destravar potencial ou sabedoria na esfera ontológica do artista gnóstico.

A exploração de universos múltiplos encontra sua física oculta nas doutrinas tântricas que discutem *chakra* e *loka*. Os *chakras* são, como sabemos, centros de poder no corpo humano, que quando ativados permitirão o acesso a um dado *loka*, ou mundo. As descobertas dos saddhus e dos sábios tântricos, como Gorakhnath, a respeito da existência de muitos mundos e até de mundos dentro de mundos que se espalham pelo tempo e pelo espaço, é similar às descobertas de Niels Bohr e de Werner Heisenberg nos anos de 1920, que é o que conhecemos hoje por mecânica quântica.

O livro *The Voudon Gnostic Workbook* é dividido em quatro segmentos. A primeira parte trata de energias Voudon, a segunda trata de energias gnósticas, a terceira parte, de feitiçaria elemental, e a última parte trata de teogonia elemental. A parte final é sobre os elementos necessários para a construção do "ser místico e gnóstico". Tendo dito isso, o livro *The Voudon Gnostic Workbook* não é um trabalho de acesso fácil. Até agora, os trabalhos de Sean Woodward, o livro *Syzygy* (Hadean:2013) de Tau Palama e o livro *Hoodoo Pilot* (Sirius Limited Esoterica: 2020) de Kyle Fite têm sido ótimos trabalhos para se consultar e conseguir uma compreensão mais clara do universo de Bertiaux. É nesta sequência de livros que contribuem para esclarecer e compreender que encontramos a produção de Eduardo Regis.

Regis começa das raízes franco-haitianas da OTOA e da LCN, a saber, do trabalho e da pessoa de Martinez de Pasqually (1727-1774) e da influência de sua ordem, a *Ordre des Chevaliers Maçons Élus Coëns de l'Univers,* em Bertiaux. Disto, a conexão franco-haitiana é explorada por meio de Papus e do Dr. Jean-Maine, levando à fusão inicial do Voudon com diversos dos fluxos místicos e teúrgicos dentro da amplitude da Tradição Gnóstica francesa. Sobre este pano de fundo, Regis discute temas centrais do *The Voudon Gnostic Workbook,* com especial atenção às lições iniciais essenciais e importantes que são conhecidas como *Lucky Hoodoo,* que junto de amplas discussões sobre os mistérios zothyrianos e os mistérios de Ghuedhe, formam a espinha dorsal deste livro. Desta maneira, Regis está conectando os elementos Vodouístas e Gnósticos em uma apresentação clara e apaixonada do Vûdû Gnóstico que se soma de maneira importante à coleção de livros que vem se expandido lentamente sobre esta bela e complexa nova visão da fé Vûdû.

Nicholaj de Mattos Frisvold
Autor de "Ifá, uma floresta de mistérios"

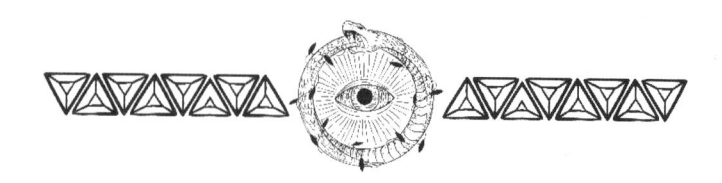

O Mito de Fundação

O mito é quase sempre uma história de origem. É também o que estrutura uma sociedade. É importante que mantenhamos isso em mente enquanto passamos por este capítulo que trata do mito fundacional do Voudon Gnóstico. Antes mesmo, portanto, de discutirmos o que é o Voudon Gnóstico propriamente dito, estamos nos envolvendo numa escavação arqueomítica pelos seus pilares fundamentais, para que quando cheguemos na hora de definir este sistema nós possamos fazê-lo com êxito. Pode parecer um tanto equivocada essa abordagem, mas confiem em mim: ela é justamente o que precisamos agora para que possamos entender com clareza os capítulos seguintes.

Maya Deren já escreveu que o mito é um *"discurso crepuscular"*. Honestamente, essa é uma das melhores definições já cunhadas. O mito é, de fato, uma história de passagem de um para o outro, do anterior para o posterior e, como tal, está sempre preso em um "entre". O que isso quer dizer? Ora, por estar em um ambiente sempre liminar, o mito é ambíguo: ele é fato, mas talvez nunca tenha ocorrido; realidade, mas ficção. Entretanto, isso não quer dizer que o mito não possua certas características pétreas. Sim, ele as possui e a principal delas, eu diria, é a seguinte: o mito é sempre verdade!

Confuso? Nem tanto. Não importa onde exatamente, no mito, entram elementos ficcionais e factuais. Caçar estas definições é um exercício que será, na maioria das vezes, inútil e até deletério (salvo para fins científicos, claro). Quando algo entra para a categoria mítica, se reveste de legitimidade e por isso, vira uma verdade estruturante.

Isto não quer dizer que devamos suspender nossa crítica ou passar a acreditar em qualquer coisa no nosso dia a dia. O recado aqui é ligeiramente diferente: para entender e experimentar o que quer que o mito estruture, nós precisaremos entendê-lo como verdadeiro, sem reservas. É isso que devemos fazer a partir de agora, pois o mito que destilarei pelas páginas seguintes é (como todos) repleto de personagens misteriosas e de acontecimentos cujos relatos únicos são de os de bocas a ouvidos. É um mito rico e interessante, que viaja pelo mundo e que junta um grupo improvável de pessoas e de elementos culturais, e precisamos acompanhar bem essas trocas para conseguirmos atingir o objetivo final deste livro.

Esse mito é uma história, claro. É uma história que vai culminar no sistema do Voudon Gnóstico como o conhecemos hoje. Se fôssemos realmente procurar pelo seu início de fato, nos perderíamos nas turvas águas de um passado muito distante. Por isso, escolhi começá-la de um ponto definido e bem conhecido pelos interessados na tradição esotérica ocidental. Sigam comigo.

Nossa história começa com um dos vultos mais enigmáticos da tradição esotérica ocidental. Um homem que teve um papel importantíssimo principalmente no cenário ocultista francês. Seu nome era Jacques de Livron Joachim de la Tour de la Casa Martinez de Pasqually, nascido provavelmente em 1727 e morto quase certamente em 1774. Alguns dizem que ele era português, outros dizem que era espanhol, e não faltam outras teorias acerca da sua nacionalidade. Chegaram a afirmar que era judeu, mas opositores dessa teoria apareceram repletos de argumentos contrários. Verdade seja dita: onde nasceu e sua etnia muito pouco nos interessam. Martinez de Pasqually[4], como ficou mais conhecido, aparece continuamente e com destaque na história do esoterismo e da maçonaria francesa. Sua contribuição mais celebrada, sem dúvidas, é a fundação da *L'Ordre de Chevaliers Maçons Élus Coëns de l'Univers* (Ordem dos Cavaleiros Maçons Sacerdotes Eleitos do Universo) em 1761. Os *Élus Coëns* são uma ordem cujos ensinamentos e filosofias influenciaram fortemente o Martinismo e que se mantém ativa, revivida pelas mãos de Robert Amberlain em meados do século XX.

A grande obra de Pasqually é "O Tratado de Reintegração dos Seres", um livro desafiador que apresenta um discurso complexo acerca da Criação e da Queda do homem. Embora seja além do escopo aqui proposto discutir toda a filosofia do "Tratado"[5], podemos dizer que ele versa sobre como reverter a "queda", promovendo assim a "Reintegração" do homem ao seu estado e *status* original, que a nós poderia mesmo parecer como um estado divino.

Pasqually, de fato, nunca terminou completamente de delinear suas ideias, por conta da sua morte em 1774. Sobre a morte de Pasqually, aliás, cabe dizer que também é cercada de mistérios, principalmente pelo seu afastamento da França poucos anos antes. Ocorre que, em 1772, Martinez de Pasqually viajou à colônia de São Domingos (que se tornaria o Haiti no início do século XIX) sob o

---

[4] Grafias diferentes são admitidas. Por exemplo, "Martines de Pasqually".
[5] Para tanto, recomendo o excelente "Teodicéia Psíquica" de Ivan Côrrea (Editora Daemon) que apresenta um capítulo dedicado a resumir a filosofia apresentada por Pasqually no "Tratado".

pretexto de reclamar uma herança[6]. Detalhes precisos aqui são tão escassos quanto em quase toda a história de Pasqually, mas sabemos que ele fundou Lojas dos *Élus Coëns* em São Domingos.

Voltaremos a São Domingos e ao Haiti mais tarde, mas agora, o barco desta história precisa fazer o que Pasqually nunca fez. Retornemos à França. Precisamos falar agora de uma figura extremamente popular e bem menos misteriosa do que Pasqually: Louis Claude de Saint-Martin (1743-1803), também conhecido como "Filósofo Desconhecido". Nasceu em Amboise, na França, e foi criado em um ambiente dominado pelo credo católico. Seu pai o enviou para estudar Direito, curso que chegou a completar, mas o ofício de advogado não o encantava, então não demonstrou interesse em exercê-lo. Por conta de conexões de sua família, acabou sendo acolhido pelo exército. Entretanto, as evidências apontam para o fato dele ter sido bastante inapto para o serviço. Conta a história que a sua saúde sempre fora frágil, coisa que certamente não combinaria com a vida militar. De toda a sorte, Saint-Martin aproveitou seu tempo (e sua mente brilhante) para estudar as Humanidades e foi se tornando um filósofo de mão cheia. Foi em 1767 que os caminhos de Saint-Martin e de Pasqually se cruzaram, justamente por conta do regimento militar de Saint-Martin estar parado em Bordeaux, onde Pasqually também se encontrava naquele ano.

Saint-Martin entrou para os *Élus Coëns* entre agosto e outubro de 1768 e sabemos que a filosofia e a sabedoria de Pasqually

---

[6] Ouvi relato oral de que Pasqually teria ido a São Domingos para aprender os mistérios do Vodu e que toda a história sobre "herança" seria mentira. De acordo com esse informante, Pasqually estaria muito interessado na tecnologia mágica de entrar em contato direto com os espíritos. Ainda de acordo com o relato aqui citado, a morte de Pasqually teria sido o resultado de certas operações mágicas poderosas.

o influenciaram fortemente. De fato, ele trabalhou como secretário de Pasqually até 1771, ano em que largou o exército e passou a se dedicar apenas à vida iniciática. O tempo de contato estrito entre Pasqually e Saint-Martin sugere que o primeiro tenha moldado fortemente as ideias do segundo. Entretanto, como em 1772 Pasqually se afastou da França, os trabalhos dos *Élus Coëns* sofreram a abrupta perda de um diretor, o que levou os templos a entrarem em estado de confusão. Isto deve ter sido fundamental para que Saint-Martin, um místico talentoso e dedicado, começasse a trilhar seu próprio caminho.

No ano da morte de Pasqually, Saint-Martin já estava firme em sua própria senda e escrevia seu livro "Dos erros e da verdade", em Lyon. Para além de Pasqually, mais tardiamente, Saint-Martin bebeu profusamente das fontes de Swedenborg e de Jakob Böhme para firmar seus pensamentos originais. De fato, nós sabemos que foi apenas em 1788 que Saint-Martin veio a conhecer os trabalhos de Böhme, que se tornou, talvez, a figura mais relevante na sua vida iniciática, conforme declarado pelo próprio Saint-Martin[7]

Em 1798, a Inquisição Espanhola condena seu primeiro trabalho, "Dos erros e da verdade". Precisamos nos lembrar de que Saint-Martin foi criado sob forte influência Católica. Além disso, ele nunca se afastou da Igreja durante a sua vida. Ou seja, muito provavelmente Saint-Martin tivesse grande afeição pela instituição e pela doutrina do catolicismo. Por isso, Waite declara em sua biografia de Saint-Martin que acredita que essa condenação tenha sido um golpe duríssimo e que pode ter contribuído para o declínio da sua saúde, que culminou em sua morte em 1803.

---

[7] Não falaremos em maiores detalhes sobre Swedenborg e Böhme, mas não posso deixar de recomendar a leitura desses dois autores.

Saint-Martin deixou outros trabalhos escritos e influenciou um sem-número de figuras importantes no esoterismo. Nossa próxima personagem é uma dessas pessoas tocadas por Saint-Martin e precisamos falar sobre esse grande ocultista, uma vez que sua participação no nosso mito é central. É na Espanha, mais precisamente em 13 de julho de 1865, que nasce essa nossa próxima personagem, filho de mãe espanhola e de pai francês. Estamos falando de Gerard Encausse, mais conhecido como Papus. Em sua juventude, Encausse demonstrou enorme interesse pelo ocultismo, lendo e estudando os livros que encontrava em bibliotecas, inclusive os trabalhos de Eliphas Lévi. Ele também foi membro da Sociedade Teosófica, da Irmandade Hermética da Luz e da Ordem Hermética da Aurora Dourada[8].

Em 1880, Henri Delaage, um dos discípulos de Saint-Martin, iniciou Papus nos ensinamentos de seu mestre. Em 1884, Papus conheceu Augustin Chaboseau (1868-1946). Os dois perceberam que tinham iniciações da linhagem de Saint-Martin e decidiram formar a Ordem Martinista. Em 1888, junto de Chaboseau e de Stanislas de Guaita[9] (1861-1897), Papus fundou outra ordem: a Ordem Cabalística da Rosa-Cruz. Além disso, ele se formou médico em 1894 e teve uma carreira muito profícua como clínico. Gérard Encausse, além de seus atendimentos regulares, editava uma revista de

---

[8] Membro do templo fundado em Paris. Aliás, este é um dos pontos de encontro entre o movimento esotérico inglês e o francês e que atesta firmemente que as duas escolas têm muito em comum.

[9] Outro autor cujo estudado é fortemente recomendado. De Guaita escreveu uma obra sobre o diabolismo, condenando principalmente Eugène Vintras (1807-1875) e Joseph-Antoine Boullan (1824-1893). Curiosamente, essas duas figuras influenciaram o Voudon Gnóstico, principalmente Boullan, que é considerado um dos mestres dessa corrente.

homeopatia e atuou como homeopata inclusive para os Tsares Russos Nicholas II e Alexandra. Encausse também escreveu diversos tratados sobre medicina, embora não sejam tão famosos quanto seus livros de esoterismo, certamente.

Mesmo ocupado com sua prática médica, parece que Papus, mantinha como ocupação principal o ocultismo, haja vista seu longo currículo iniciático e a sua vasta produção de tomos na área. Foi em 1908, durante a "Conferência Internacional Maçônica"[10], que Papus conheceu Theodor Reuss (1855-1923), a figura que era o líder da *Ordo Templi Orientis* (OTO) antes dela ser tomada por Aleister Crowley (1875-1947) e submetida à Lei de Thelema. A história conta que, desse encontro, seguiu-se que Papus foi reconhecido como grau X° da OTO. Sobre a OTO é interessante destacar que ela é famosa por seus graus iniciáticos dedicados à magia sexual. Na verdade, Theodor Reuss propagou amplamente que eles eram detentores dos segredos deste tipo de magia. Entretanto, o que é menos conhecido é que esses segredos muito provavelmente encontram seu fundamento nos ensinamentos de Paschal Beverly Randolph e naqueles que estavam codificados na Irmandade Hermética de Luxor e na Irmandade Hermética da Luz. Voltando ao Papus, temos que, em 1916, enquanto servia como médico na Primeira Guerra Mundial, ele se contaminou com tuberculose em um hospital de campanha. Papus não resistiu à doença e faleceu no dia 25 de outubro do mesmo ano.

Essas três figuras, que discutimos de maneira resumida, se misturarão de maneira impressionante na história de outra personalidade assombrosa, um homem chamado Lucien François Jean-Maine. Bem menos conhecido do que os homens até agora

---

[10] Embora Papus nunca tenha sido maçom regular.

discutidos, Jean-Maine é, entretanto, também a raiz de uma linhagem iniciática interessante. Para que comecemos a compreender melhor essa figura, precisamos voltar no tempo e encontrarmos novamente a viagem de Pasqually rumo à colônia de São Domingos.

São Domingos era uma colônia Francesa e quando Pasqually chegou lá, em 1772, o local era uma grande empresa. Plantações de açúcar e de café exportavam seus produtos para todo o mundo, inundando os colonos franceses de dinheiro enquanto a mão de obra, africanos escravizados, era tratada como mera peça descartável da engrenagem colonial. Apesar de todas as adversidades, os africanos escravizados resistiam como podiam, fosse com revoltas ou com a criação de laços culturais surpreendentes. Vindos dos mais diversos locais da África, mas com destaque especial para o Reino do Congo, às nações de etnia iorubá e aos falantes de Gbe, esses homens e mulheres estavam formando uma espiritualidade própria e muito interessante na ilha, que viria a ser conhecida como Vodu haitiano.

Um dos grandes centros de São Domingos era Leógâne. Lá, Martinez de Pasqually fundou um ou mais templos de *Élus Coën*. Embora não saibamos exatamente como, familiares de Lucien Jean-Maine foram iniciados neles. Aqui a dúvida acerca da iniciação se justifica pelo fato de que os pretos, mesmo libertos, não costumavam encontrar facilidade em se iniciar em Lojas Maçônicas, o que nos leva a pensar que também não seria simples conseguir iniciações em outras ordens. De toda a sorte, familiares de Lucien conseguem ser iniciados e, depois da morte de Pasqually, eles e outros fundam uma ordem conhecida como *Les Templiers Noires*, ou Os Templários Negros.

Assim que o Martinismo começa na França, ele também se espalha pelo Haiti (São Domingos se torna o Haiti, independente, em

1804). Assim, Lucien François Jean-Maine (nascido em 1869 e morto em Boston em 1960) cresce sob a influência dos ensinamentos de Pasqually, do Vodu haitiano e depois vai se familiarizar com a filosofia Martinista. Lucien foi feito sacerdote de Vodu por seu próprio pai. Além disso, estudou os ritos Maçônicos haitianos, inclusive um rito que teria sido propagado pelo revolucionário Toussaint L'Ouverture (1743-1803), com influências de cabala e de cosmogonias africanas. Lucien também estudou as correntes esotéricas de Paschal Beverly Randolph e suas técnicas de magia sexual e foi consagrado Bispo Gnóstico.

Em 1910, Lucien viajou à Paris e conheceu Papus. Este último o elevou ao grau X° da OTO e recebeu dele outras iniciações, trocaram linhagens e, dizem alguns, foi feito sacerdote de Vodu haitiano. Sei que essa última informação pode surpreender a muitos, principalmente os que conhecem Papus apenas pelo viés Martinista. Porém, é imperativos nos lembrarmos de que Papus era bem eclético, conforme a própria doutrina Martinista reflete[11]. Além disso, ele também era, muito provavelmente, envolvido com magias ciganas, por parte da família de sua mãe.

Depois disso, Lucien ficou preso na Europa por causa da guerra e de outros problemas. Acabou indo passar um tempo na Espanha e retornou, finalmente, ao Haiti em 1921, onde logo se casou. Nesse mesmo ano ele fundou a *Ordo Templi Orientis Antiqua* (OTOA), conjugando ensinamentos da OTO de Reuss, de Vodu e de outras correntes esotéricas. Em 1922, Lucien cria outra ordem, a *La Coulevre Noire* (LCN), interna, mas irmã da OTOA, e mais focada

---

[11] Os Martinistas que estiverem lendo deverão lembrar principalmente dos ensinamentos do grau de Iniciado.

em mistérios mais profundos do Voudon Gnóstico. Seu filho, Hector, nasceu em 1924 e, após a morte do pai, em 1960, foi consagrado Bispo Gnóstico, tornando-se Grão-mestre da OTOA em 1962.

Nosso mito de fundação agora convida outra personagem importante e talvez a que mais será discutida daqui em diante. Michael Paul Bertiaux nasceu em 1935, em Seattle, nos Estados Unidos da América. Sua mãe era uma teosofista destacada na comunidade local e seu pai envolvido com o Budismo. Ou seja, cresceu em um lar com diversas influências espirituais. Ainda, é interessante notar que sua mãe, Bernice, uma artista, desde cedo o incentivara no mundo das artes, talento que seria crucial para seu desenvolvimento e compreensão do ocultismo no futuro.[12] Em 1963[13], Bertiaux viajou ao Haiti na posição de Pastor Episcopal, com o objetivo de dar aulas de filosofia, mas a história o levou para outras direções. De fato, Bertiaux conheceu Hector Jean-Maine[14] e foi iniciado por ele neste mesmo ano na OTOA, LCN e em outros mistérios. Porém, além de iniciar Bertiaux, Jean-Maine também lhe revelou o trabalho singular de artistas haitianos que se inspiravam no mundo espiritual para produzir arte, o que o tocou profundamente.

Quando retornou aos Estados Unidos, após sua viagem ao Haiti, Bertiaux cortou relações com a Igreja Anglicana e passou a dedicar suas práticas à Sociedade Teosófica. Depois, acabou mergulhando mais fundo nas iniciações passadas por Jean-Maine,

---

[12] Como Van Der Voorde revela em sua entrevista com Bertiaux no sítio de internet da Fulgur.

[13] Algumas fontes citam o ano como sendo o de 1964. Entretanto, pelos relatos do próprio Bertiaux em "Vûdû Cartography", parece mais plausível que tenha sido em 1963.

[14] Há relatos de que haveria um segundo iniciador, chamado Carlos Adhémar.

principalmente quando este foi obrigado a estabelecer residência nos Estados Unidos, em 1964, por conta do regime ditatorial haitiano. Nos Estados Unidos, Jean-Maine entrou em contato e convocou Bertiaux para pintar entidades espirituais e, assim, ele começou a desenvolver seu estilo único de contato com o mundo invisível.

Foi pelas mãos de Bertiaux que o sistema mágico que teve início com Lucien François Jean-Maine ganhou o mundo. A primeira publicação relevante nesse sentido foi *Lucky Hoodoo – a short course in voudoo power secrets,* de 1977. Essa publicação foi assinada por Bertiaux sob o pseudônimo de *Docteur* Bacalou Baca[15]. Porém, foi mesmo através da publicação de *The Voudon Gnostic Workbook,* em 1988, que tanto Bertiaux quanto o Voudon Gnóstico ganharam o mundo. Esse livro é um enorme apanhado de lições acerca da filosofia e do sistema que estamos discutindo. Logo que foi lançado, o *Voudon Gnostic Workbook* causou toda espécie de reações. Fato é que, até hoje, ninguém que o lê fica indiferente a ele.

Bertiaux é a figura central em diversas ordens, igrejas gnósticas e escolas de ocultismo. Assombrou o grande Kenneth Grant (1924-2011) com seus pensamentos e conceitos originais e desafiadores. Porém, não ficou restrito aos círculos ocultos e influenciou até a cultura pop, como pode ser visto no trabalho "Os Invisíveis" de Grant Morrison, uma saga de histórias em quadrinhos adultos que trata, dentre outras coisas, de magia e que apresenta diversos conceitos típicos do trabalho de Bertiaux.

Até o momento da escrita deste livro, Bertiaux está ativo, escrevendo, pintando e promovendo noites de cinema, nas quais o

---

[15] Bacalou Baca (Bakalou Baka) é um espírito muito agitado do Vodu. Geralmente é aconselhado que se mantenha distância dele por sua periculosidade.

significado oculto do filme assistido é discutido. Um dos métodos mais curiosos de trabalho de Bertiaux, documentado fortemente em livros como *Vûdû Cartography* e *Ontological Graffiti,* é uma espécie de sessão espírita realizada com as Entidades onde ele e outros realizam entrevistas e ganham inspirações. Por conta desses contatos, Bertiaux costuma ser particularmente inclinado a pintar quadros instigantes dessas energias. Fotos e vídeos do apartamento dele revelam paredes e corredores abotoados dessas telas mágicas e hipnóticas. De acordo com o próprio Bertiaux, isso seria uma herança do próprio ocultismo haitiano, no qual vários esoteristas expressam as ideias complexas e abstratas de suas experiências pela arte[16].

Agora que temos em mão um apanhado do mito e entendemos de onde veio o Voudon Gnóstico, podemos passar para a pergunta mais lógica e tentar responder o que, de fato, viria a ser essa tal coisa.

---

[16] Conforme revela em entrevista realizada por Bjarne Salling Pedersen. 2003.

Michael Bertiaux (2019) em seu estúdio mostrando uma pintura de **Typhonian Black Poppy Ladies**, *que faz parte de uma série de pinturas utilizadas no livro* **Servants of the Star and the Snake**, *publicado pela editora Starfire. Foto gentilmente cedida pela página oficial do Facebook do escritor e artista: Michael Bertiaux, Artist. Autor: Ariock Van de Voorde.*

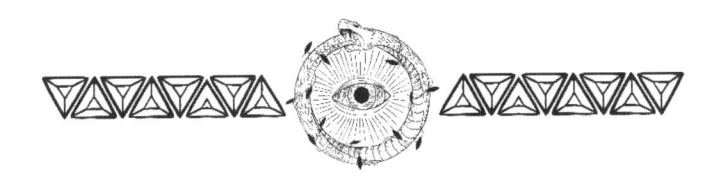

MICHEL BERTIAUX E O
VOUDON GNOSTIC WORKBOOK

Já referenciamos amplamente o *Voudon Gnostic Workbook* e continuaremos a fazê-lo. Cumpre notar que o *Voudon Gnostic Workbook* (VGW) não foi escrito para ser um livro lido de uma só vez e não é guiado por um fio narrativo. Ele é uma série de lições que apresenta ao mundo a visão de um Voudonista Gnóstico em particular, Michael Bertiaux. Publicado pela primeira vez em 1988, logo se tornou um sucesso entre os ocultistas, sendo elevado a uma espécie de status *cult*. Antes disso, parte do sistema do Voudon Gnóstico já havia sido brevemente apresentado em alguns livros de Kenneth Grant, como *Cults of the Shadow* (1975), nos quais o autor discutia Bertiaux e seu sistema, considerado por Grant como inovador e interessantíssimo.

É evidente que Bertiaux, ao apresentar sua visão, traz consigo todo um acumulado da linhagem que carrega, dos Jean-Maine e dos primórdios do sistema conforme cunhado no Haiti. Assim, embora Bertiaux apresente tudo por meio de sua perspectiva particular, precisamos compreender que a toda a riqueza do sistema está ali descrita. Assim, o interessado em Voudon Gnóstico terá necessariamente que se dedicar ao livro, lendo-o e fazendo as práticas sugeridas.

Porém, como o VGW não é linear, não é preciso se preocupar em começar na primeira página e terminar na última página. As seções podem ser abordadas de maneira independente e cada uma ao seu tempo. Conforme foi passado a mim pelo meu iniciador na OTOA, sugiro que o leitor olhe as seções que lhe interessam mais e comece por elas. Eu só adicionaria a essa sugestão uma simples ideia: começar, de fato, pelo Hoodoo Sortudo. A razão para isso está longe de ser misteriosa. Parece-me que essa seja a seção mais acolhedora ao iniciante e que dá uma boa ideia de como funciona o trabalho do sistema, mas discutiremos isso mais a fundo em um capítulo adiante.

Uma opinião bastante popular acerca do VGW é a de que ele seja extremamente complexo. Certamente a não linearidade contribui para essa noção, mas não só isso. De fato, alguns termos, neologismos e conceitos que são trabalhados por Bertiaux podem ser desafiadores. Além disso, as constantes referências a lugares e reinos estranhos, outras dimensões e às máquinas mágicas também costumam ser uma fonte comum de confusão. A complexidade do VGW nunca termina, mas a dificuldade em compreendê-lo vai se dissipando conforme a prática e os estudos vão avançando. É meu desejo que esta pequena obra os ajude a encarar o VGW como algo mais acessível. Mesmo assim, não posso deixar de destacar novamente que será preciso muita pesquisa, dedicação e conversas com espíritos e visitas aos reinos e dimensões.

Dentre as muitas seções do livro – e dos muitos braços do Voudon Gnóstico – destaco algumas: o "Hoodoo Sortudo", o

"Grimório Ghuedhe", o "Gênio de IFA", "Voudoo e a pesquisa Atlântica", "Metapsicologia Zothyriana", "Energias Gnósticas no Hinduísmo Esotérico", "A Mágicka Erótica do Aeon Futuro", "O Sistema Shintotrônico de Mágicka Gnóstica", "As Raízes Esotéricas do Poder Gnóstico" e a "Gnose da Vida Espiritual". Porém, para entendermos exatamente de onde saíram todas estas seções e muitas outras, podemos, de maneira simples, recorrer ao prefácio.

Os prefácios são geralmente ignorados, o que não só é um erro, como uma pena. Frequentemente nessas seções são dadas chaves para a compreensão das obras, seja por meio de palavras ou a partir de informações que darão o contexto no qual elas foram produzidas. Bertiaux abre o prefácio do VGW afirmando que irá nos *contar acerca do mundo da oração esotérica partindo de sua própria experiência pessoal*. Essa é a primeira grande chave revelada. Aqui, nós somos informados de que tudo que seguirá está sendo passado adiante do ponto de vista personalíssimo do autor. Ou seja, o nosso ponto de vista poderá ser diferente!

Continuando, outra grande chave é oferecida: todo aquele trabalho é baseado no contato com os espíritos *Les Vudu*. A oração esotérica é, então, explicada e aprendemos que nada mais é do que a conversa com os espíritos. Para Bertiaux, aí está o coração da gnose!

Gnose é um termo que causa muita confusão. A tradução mais corriqueira o equipara a *conhecimento*. Entretanto, a ideia racional de conhecimento que formamos no mundo contemporâneo é extremamente pobre e indigna de comunicar o que a gnose seja de fato. A gnose é um saber íntimo, que advém de experiências e que nos conecta ao invisível. Portanto, é algo muito distante de conhecimento como o entendemos hoje. Assim, podemos agora afirmar, com certeza, que Voudon Gnóstico é sim um excelente termo. Afinal, estamos tratando de experiências diversas, híbridas e esotéricas que, por meio principalmente da ação de espíritos (agentes do invisível), nos ligam ao invisível, ao divino, ao abstrato.

O outro segredo que aprenderemos ao longo do texto (e da experiência) é que os espíritos *Les Vudu* são múltiplos e plásticos. Infinitos e de formas e maneiras intermináveis. Assim, estamos diante de uma série de lições sobre contato com esses seres que estão além e "entre", imanentes, e que são capazes de nos ensinar coisas, revelar segredos e oferecer poderes. A questão da plasticidade e da multiplicidade dos *Les Vudu* é fundamental. Isso quer dizer que essas entidades abarcam uma miríade infindável de experiências e de subsistemas dentro do Voudon Gnóstico. Por exemplo, sabemos que os espíritos dos Voudon são os mesmos que os deuses nórdicos – essa é só uma das faces dessa capacidade transformativa deles. De fato, esses espíritos podem assumir formas inimagináveis! [17] Quando olhamos o livro com essas chaves em mente, começamos a entender a razão de ele ser uma série de lições não lineares. Além disso, fica simples perceber que os espíritos poderão revelar informações particulares e diferentes a cada um, assim como proporcionar experiências únicas.

Há, ainda, muito mais que o VGW pode nos revelar. Como seria absurdo tentar reproduzir aqui os ensinamentos ou *insights* contidos no dito livro, podemos pegar uma rota mais razoável e tentar

---

[17] Aos leitores que possuírem domínio da língua inglesa, recomendo a leitura de "Syzygy" de Tau Palamas, em que o autor em questão constrói um sistema similar aos dos "padres do deserto", monges errantes, e encaixa um arcabouço cristão rico dentro do Monastério dos Sete Raios, um dos corpos de ensinamento do Voudon Gnóstico.

fazer um resumo de algumas coisas que poderemos encontrar em suas páginas. Evidentemente, falharemos na tarefa de fazer um resumo digno, mas se houver sucesso em despertar em vocês a curiosidade e a vontade de conhecê-lo melhor, certamente teremos atingido um belíssimo objetivo. Assim, façamos um apanhado diverso e colorido do que pode ser encontrado neste verdadeiro grimório!

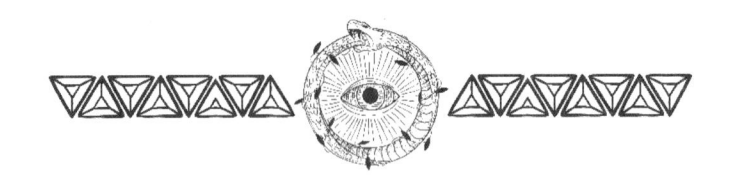

O TRABALHO DA ORDO TEMPLI ORIENTIS ANTIQUA E DA LA COULEUVRE NOIRE

Talvez os leitores, curiosos sobre o tema desta obra, não estejam tão familiarizados com o conceito de ordens mágicas/esotéricas. Por isso, ainda que de maneira breve, antes de conhecermos o Voudon Gnóstico, é preciso minimamente entender de onde suas práticas de originam e onde – ou através de onde – até os dias atuais seus estudos e práticas são mantidos e preservados.

Assim como o conteúdo deste livro mencionará repetidas vezes a célebre obra *The Voudon Gnostic Workbook – VGW -* , de Michel Bertiaux, também mencionaremos a *Ordo Templi Orientis – OTOA* e a *La Couleuvre Noire – LCN*, duas ordens esotéricas dedicadas ao estudo e prática do Voudon Gnóstico.

Vamos começar essa discussão deixando extremamente claro que as ordens OTOA/LCN não são as típicas sociedades esotéricas que nós vemos por aí. A estrutura maçônica, que pela manifestação da Ordem Hermética da Aurora Dourada, principalmente, acabou se tornando o padrão na organização de ordens mágicas, não se aplica no caso em tela. A ideia de reuniões secretas, templos elaborados e quase teatrais, senhas, rituais demorados em grupo e instruções normatizadas também não define as ordens OTOA/LCN. Não quer dizer que nenhum desses elementos não possa existir nelas. Evidentemente que podem, mas apenas não é por isso que as ordens se estruturam.

A primeira questão que precisamos esclarecer é o que são exatamente as duas ordens e quais as diferenças entre elas. Para discutirmos a OTOA, precisamos falar do Monastério dos Sete Raios (M7R). O M7R é um edifício de ensinamentos ocultos. É uma escola, um coletivo de portais e um coletivo de consciências mágicas. Embora o M7R tenha uma manifestação física, obviamente o verdadeiro Monastério não pode ser reduzido a isso. Não estamos falando literalmente de um prédio antigo perdido numa cadeia de montanhas em algum lugar ermo. O Monastério atravessa universos, mas também os conecta.

A manifestação física mais conhecida do Monastério são os ensinamentos de seus quatro anos de estudo. Durante muito tempo esses ensinamentos eram de exclusividade apenas dos membros da OTOA. Recentemente, porém, Bertiaux autorizou a publicação desse corpo de lições para o público em geral. Portanto, os leitores interessados poderão adquirir uma cópia desses ensinamentos [18]. O estudo dessas lições deverá ser mais do que suficiente para dar uma boa ideia do que esperar do trabalho mágico da Ordem. O Monastério é, de fato, uma grande escola ou um grande laboratório. Nele, os magos podem se dedicar à Engenharia Vudutrônica, à Física Zothyriana e a qualquer outra área que lhe interesse. Não há tabus e não há limites para as áreas que podem ser trabalhadas.

---

[18] Os quatro anos de conteúdo do "Monastery of the Seven Rays" estão publicados pela Media Print Editore.

A OTOA é o coletivo de magos que se conectam por meio dos muitos portais que existem nas infinitas salas do Monastério. É a reunião dos saberes, experimentações, vivências e consciências desses magos e de todos os mestres que forma o M7R. Essa é a essência da OTOA. A OTOA divide seus membros em 16 graus e estes são relacionados à Árvore da Vida (frente e verso). Salta aos olhos essa inovação, que comunica que o universo exploratório da OTOA é mais amplo do que a da maioria das ordens mágicas conhecidas. Aliás, exploração, como Frater Selwanga já ensinou[19], é a palavra que melhor define o trabalho operativo da Ordem. Assim, cada membro da OTOA é um universo próprio, repleto de possibilidades e de configurações muito particulares. O Monastério se apresentará de uma maneira única para cada um desses membros.

É evidente que as lições contidas no Monastério, bem como as práticas, devem ser estudadas e consideradas por todo membro da OTOA. Sem isso, sem essa apresentação fundamental ao sistema, o membro ficará sem a fundação sólida para saltar em suas próprias explorações futuras. Nesse sentido, as lições do M7R devem ser vistas pelo que são: valiosíssimas instruções que objetivam preparar o mago para a sua própria jornada particular.

Os ensinamentos do Monastério dos Sete Raios estão dentro do que poderíamos chamar de corrente de Voudon Gnóstico, mas se um explorador desejar se aventurar mais a fundo dentro desse sistema, talvez encontre o que procura na *La Couleuvre Noire*. A LCN é uma ordem irmã da OTOA, cujo interesse é desvendar e trabalhar certos mistérios do Voudon Gnóstico. Na verdade, a OTOA e a LCN seriam mais bem descritas como irmãs siamesas. Afinal, ambas as

---

[19] https://www.otoa-lcn-brasil.com.br/post/otoa-e-thelema

ordens nascem do mesmo caldeirão de influências e das mãos da mesma pessoa e elas se misturam fortemente, embora possuam sabores próprios distintos.

De maneira geral, um membro da OTOA também será membro da LCN. Essa é a melhor maneira de comunicar como o trabalho das duas ordens é entremeado. Em outras palavras: o explorador estará imerso na mesma corrente, a corrente do Voudon Gnóstico, ao trabalhar em uma e em outra e, por isso, acaba ocorrendo essa "mistura". Entretanto, a LCN possui estrutura própria e um sistema de graus separado, divido em quatro graus. Ou seja, ela possui certos mistérios particulares que pedem por autonomia. Isso deriva do fato da LCN ter ligações especificamente mais próximas com sociedades secretas de Vodu haitiano, enquanto a OTOA se forma mais pelo lado das ordens iniciáticas europeias.

Portanto, mesmo que em sua gênese, Lucien-François Jean-Maine tenha construído as duas ordens a partir de uma mesma matriz de influências, estas acabaram se edificando com personalidades ligeiramente distintas. A OTOA bebendo mais da fonte da *Ordo Templi Orientis - OTO* de Reuss, de P. B. Randolph e de outras correntes da Tradição Esotérica Ocidental, enquanto a LCN se estruturando a partir de uma Sociedade Secreta de Vodu haitiano.

Essas sociedades secretas são grupos iniciáticos com estruturas marcadas e muitas vezes baseadas em organização militar. Geralmente, elas lidam com espíritos do Vodu que são considerados agressivos e perigosos e gozam de enorme respeito no Haiti por conta dos poderes mágicos atribuídos aos seus membros. Um exemplo dessas sociedades é a *Bizango*, muito famosa por ser uma sociedade belicosa e por usar crânios humanos para a confecção de figuras de guerreiros mágicos. A LCN deriva de uma sociedade secreta não tão conhecida, que seria responsável pela defesa do Haiti, e cujos membros seriam reconhecidos por tatuagens quase imperceptíveis de serpentes negras em suas cabeças.

Uma das coisas mais interessantes dessas sociedades é que elas desenvolvem uma forma muito particular de Vodu haitiano, focada em certos espíritos que são seus patronos e de acordo com sua natureza e interesse. Assim, as cerimônias e a própria compreensão da cosmovisão do Vodu podem ser bem diversas dentro dessas sociedades. Tendo isso em mente, nós podemos começar a entender por onde exatamente correm as raízes haitianas do Voudon Gnóstico.

Assim, está explicada a razão de nos referirmos constantemente às ordens como um organismo único (OTOA/LCN). De fato, elas são muito próximas, tanto nas bases quanto no espírito de exploração e de liberdade. Espero que os leitores tenham compreendido com mais clareza a natureza, objetivo e o trabalho dessas Ordens. A ênfase no caráter exploratório é com certeza o grande diferencial da veia operativa da OTOA/LCN. Entretanto, isso demanda do mago um trabalho comprometido e sério, pois apenas assim será possível navegar com maestria pelas trilhas dos nossos universos.

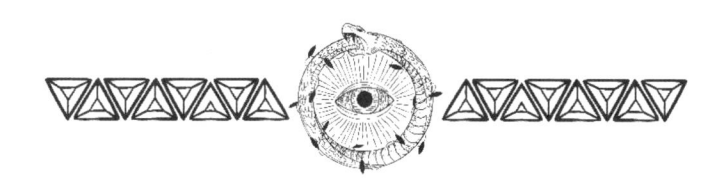

O QUE É O VOUDON GNÓSTICO?

É possível que a grande maioria das pessoas que se deparem com o *Voudon Gnostic Workbook* (VGW), de Bertiaux, se perguntem do que ele trata. Verdade seja dita, o livro é uma joia, mas é realmente pouco acolhedor aos iniciantes ou àqueles que não estejam familiarizados com todas as premissas e influências tanto de Bertiaux quanto de Jean-Maine. Essa falta de acolhimento já começa pelo título: afinal, o que seria esse tal de *"Voudon Gnostic"*?

Para o público de língua portuguesa, que ainda não foi agraciado com uma tradução do VGW, achar informações sólidas acercas do Voudon Gnóstico é uma tarefa difícil. Para não ser injusto, é verdade que havia uma publicação em português sobre o tema, mas ela está esgotada há tempos, além de propagar uma visão muito particular de seu autor. Assim, uma explicação mais introdutória acerca do Voudon Gnóstico se faz oportuna, ainda mais quando (aparentemente) não há quaisquer planos do lançamento do VGW no mercado brasileiro. Espero que esse panorama mude no futuro próximo.

Eu gostaria de oferecer, então, uma explicação inicial acerca do Voudon Gnóstico. Ela é necessária como base para nosso trabalho neste capítulo. Em poucas palavras: o Voudon Gnóstico é um sistema mágico construído a partir de diversas influências e que tem por base a construção de uma realidade mágica única.

É importante deixar claro, logo de partida, que o Voudon Gnóstico não é sinônimo de Vodu haitiano. É evidente que a confusão existe e é justificada. Vimos que o sistema de Voudon Gnóstico tem suas raízes no Haiti e no Vodu, mas ele é algo construído em cima destas fundações e não se confunde com uma religião ou uma espiritualidade. Portanto, que fique bem destacado: o Vodu haitiano não é o objeto que está sendo discutido aqui e o Voudon Gnóstico não se confunde com ele.

É verdade que dentro do Voudon Gnóstico haverá trabalho com os *Lwas*, os espíritos centrais do Vodu haitiano. Entretanto, esses espíritos serão abordados sob outra perspectiva e sob outras premissas. O trabalho mágico dentro do Voudon Gnóstico com determinado *Lwa* não é igual ao trabalho com a mesma energia dentro do Vodu. Ter experiência no Voudon Gnóstico não faz de ninguém sacerdote de Vodu haitiano! É preciso repetir: iniciações no Voudon Gnóstico ou ainda sucesso em operações mágicas dentro desse sistema não fazem de ninguém um servidor dos *Lwas* ou um sacerdote de Vodu haitiano. É necessário e muito salutar que mantenhamos as coisas separadas.

Na verdade, quando começamos a destilar as demais influências do Voudon Gnóstico conforme elas se apresentam no VGW, vemos que estamos tratando de uma coisa bastante singular. É notória a influência da Ordem Hermética da Aurora Dourada, da Thelema, do Xintoísmo e das espiritualidades Nórdicas, para nomear alguns elementos. Assim, estamos diante de um caldeirão efervescente que pode parecer apenas uma grande bagunça à primeira vista, mas que depois se revela com maior coesão. Como diz o ditado: "quem tem olhos para ver, que veja".

Talvez o elemento mais importante para se entender a coesão do sistema seja a sua plasticidade. É justamente por isso que é difícil perceber o quanto o Voudon Gnóstico apresenta conexões coerentes. A plasticidade dá ao sistema esse sabor eclético e sincrético que, para muitos, é apenas uma mistura descompromissada de preferências e de experimentações. Entretanto, se mudarmos essa perspectiva e passamos a enxergar a plasticidade como agregadora de camadas, significados e ligações que são construídas pelo indivíduo dentro do seu universo subjetivo, percebemos que é o espírito do próprio Bertiaux que está sendo espelhado no sistema delineado no VGW e que, assim sendo, também poderemos encarar nosso próprio reflexo nesse mesmo espelho.

Ou seja, aquele que adentra no sistema do Voudon Gnóstico e espera compreendê-lo e utilizá-lo de maneira completa precisa se tornar arquiteto de seu próprio universo subjetivo sem ter qualquer medo de sujar as mãos nesse processo. Porém, sinto que talvez estejamos nos adiantando um pouco na discussão e talvez seja mais prudente retornarmos ao que foi apresentado por Bertiaux, sempre tomando como referência o VGW.

Não é exagero .afirmar que o sistema apresentado no VGW[20] é completo e que ele, por si só, é fonte de experimentos e de experiências intermináveis. O Vodu e seus *Lwas* são apenas parte desse conjunto, mas podemos entender que o nome *Voudon* não foi

---

[20] Porém, a totalidade do sistema está espalhada também pelas lições do Monastério dos Sete Raios e por outros documentos.

escolhido (ou, pelo menos, não acabou se solidificando) por acaso e que, de maneira mais ampla, representa diversas características do sistema em questão, como a mistura, o encontro de elementos aparentemente díspares - mas que conversam entre si sob uma perspectiva especial - e o fato de a interação com espíritos ser um dos pilares das práticas sugeridas no VGW.

A primeira (e talvez mais famosa) seção do VGW trata do grimório do Hoodoo Sortudo[21] e, logo de cara, já sugere que o praticante faça um pacto com os espíritos do Hoo e Doo, ditando certo tom ao livro e ao sistema. Aqui, estamos diante de uma escolha importante: o uso do termo Hoodoo. O termo supracitado é muito frequentemente confundido com o próprio termo Voodoo – americanização de Vodu. Entretanto, Hoodoo é um sistema mágico também construído sobre forte influência de espiritualidades, cosmogonias e filosofias africanas e do cristianismo e do esoterismo, nos Estados Unidos. Diferente, portanto, do Voodoo e do Vodu.

Assim, o Hoodoo é como um irmão do Voudon Gnóstico e não é surpresa que os dois estejam conversando de maneira íntima no sistema revelado ao mundo por Bertiaux. Porém, falaremos do Hoodoo Sortudo mais adiante com maiores detalhes, já que é a "porta de entrada" do sistema, de maneira geral. Vejam como já estamos construindo, lentamente, por meio de um exercício de associações e de expansão dos conceitos, uma ideia melhor do que seria o Voudon Gnóstico. Continuemos. Ainda não estamos com a tarefa terminada.

Ao longo do VGW, passamos por diversos conceitos, localidades e mitologias. Saímos da Atlântida, vamos aos recônditos sombrios de H. P. Lovecraft e seu mito de Cthulhu, e até mesmo nos

---

[21] *Lucky Hoodoo*, no original.

vemos diante de outros planetas e de impérios que dominam universos alternativos, como o Império Zothyriano. Este sabor quase de ficção científica é mais uma prova da plasticidade e da sutileza complexa do Voudon Gnóstico. Se interpretarmos tudo que é colocado no VGW de maneira literal e objetiva, certamente estaremos nos perdendo em um labirinto – a chave é também mirar no subjetivo e deixar os processos que estão além da racionalidade atuarem em toda a sua riqueza.

A variedade de assuntos e de conceitos apresentados no VGW, como já vimos, pode parecer caótica. Na verdade, tudo ali está costurado e faz parte de um grande universo construído por Bertiaux. Poderíamos argumentar que seu trabalho merecia uma edição literária mais cuidadosa, mas o que não podemos afirmar é que tudo o que esteja lá disposto não tenha uma raiz em comum. Poderíamos argumentar também que o nome "Voudon Gnóstico" não é o mais adequado para uma miríade tão diversa de elementos. Bem, os nomes não vão embora tão facilmente e esse, gostemos ou não, já está bem estabelecido. É melhor seguirmos com ele por enquanto, então. Mais adiante, eu espero ser capaz de convencê-los de que essa terminologia é, na verdade, perfeita.

Já estamos nos alongando por algumas páginas para responder uma simples pergunta. Isto revela que a pergunta não é tão elementar assim e que a resposta é um tanto elusiva. Entretanto, enquanto vamos passeando por esta discussão, estamos sendo apresentados a noções que nos acompanharão ao longo de todo este trabalho. Notem que um termo chave já apareceu mais de uma vez até aqui. Estou me referindo a "subjetivo". Mais especificamente, já falamos duas vezes de "universo subjetivo". O que isso quer dizer é que o Voudon Gnóstico não é um sistema que se alimenta de diferentes influências aleatórias, mas de diferentes influências que fazem parte da constituição imaginativa e abstrata do operador, do mago, do Voudonista Gnóstico. Por isso a metáfora que apresentei mais cedo do reflexo do espelho é oportuna. Bertiaux olha para o Voudon Gnóstico e enxerga nele um sistema que o reflete. Se nós fizermos o mesmo exercício, teremos uma imagem distinta, uma que nos reflita – se soubermos como enxergar!

Talvez já estejamos prontos, afinal, para formular uma conceituação mais completa do Voudon Gnóstico. Ele é um sistema mágico de construção subjetiva, que permite ao operador edificar, desvelar e controlar as forças universais por meio do contato e do conhecimento de espíritos e de intermediários. É um sistema gnóstico, pois está preocupado com o conhecimento do invisível por meio da experiência viva. É voudon, pois é uma mistura orgânica e dinâmica que tem suas raízes também em filosofias afro-ameríndias com ênfase nos espíritos. Lembrando que *vodun* em sua acepção original significa algo similar a espírito[22].

Ora, temos agora, então, uma conceituação mais poderosa, mas que talvez ainda seja um pouco abstrata para aqueles que não conhecem o sistema por dentro – ou seja – para os que não têm experiência nele. Bem, nada substitui a experiência prática e da vivência, mas podemos tentar pintar um panorama mais completo no próximo capítulo, ao discutirmos exatamente o que se faz dentro do Voudon Gnóstico. Afinal, muitas vezes a definição de algo passa,

---

[22] O termo *Vodu,* às vezes grafado *voudon,* utilizado para se referir à espiritualidade haitiana, muito provavelmente deriva de *vodun* (a grafia *vodum* também é aceita), originário da língua do grupo dos falantes de Gbe da África.

justamente, pela atividade promovida por aquela coisa ou exercida pelo profissional daquela área. Veremos se tal abordagem poderá nos auxiliar.

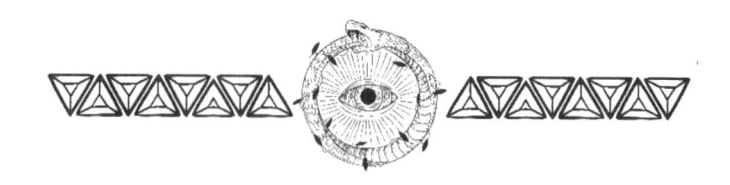

TORNANDO-SE UM
VOUDONISTA GNÓSTICO

O que fazem os Voudonistas Gnósticos, afinal?

Ou, ainda, o que faz de alguém um Voudonista Gnóstico?

As respostas variam, com certeza. Permitam-me, entretanto, oferecer a minha perspectiva. Vocês poderão concordar ou discordar dos meus pontos de vista, mas considero bastante improvável que as sugestões que lançarei aqui não serão de valia ao interessado no sistema em questão.

O mais óbvio seria afirmar agora que o Voudonista Gnóstico é aquele que trabalha dentro do sistema do Voudon Gnóstico. Simples e direto. Entretanto, o que isso exatamente quer dizer? Tal abordagem tão direta apenas nos faz retornar ao ponto problemático original. Por isso, precisamos ser mais detalhistas.

Para se tornar um Voudonista Gnóstico é preciso mergulhar em busca das ruínas atlantes e abrir portais para Zothyria ao mesmo tempo em que se conversa com os *Lwas* e se convoca o vento gélido da carruagem de Odin. É preciso ser uma árvore que dá diferentes frutos sem perder sua identidade e é preciso ter as raízes bem fortes para que isso seja possível. Uma *Yggdrasill* que também é uma *Gran Bwa*. O Voudonista Gnóstico é um desafiador e um hábil construtor, que deve rasgar o véu da ilusão e enxergar por detrás, enxergar os mecanismos, os espíritos e os anjos em seu trabalho rotineiro e estruturante. Ele deve reconhecer que há em si mesmo uma parte da divindade e reclamar para si todo o seu poder.

Não é fácil ser bem-sucedido no ofício do Voudonista Gnóstico, mas a recompensa é farta e enriquecedora. Roma não foi construída em um dia e muito menos alguém se familiarizará ou se tornará apto no Voudon Gnóstico em pouco tempo. Por isso, seguem algumas sugestões que poderão auxiliar aquele que se lançar neste desafio.

Conhecer o Vodu haitiano. Bem, já insisti fortemente aqui que o Voudon Gnóstico não é o Vodu haitiano. Ao mesmo tempo espero que tenha ficado cristalino que há influência do segundo no primeiro. Assim, é importante - e ajudará tremendamente - conhecer um pouco sobre o Vodu haitiano, seus ritos, *Lwas* e costumes. É importante, porém, perceber que não fará sentido e não será desejável tentar emular o Vodu haitiano durante o trabalho com o Voudon Gnóstico. Sem qualquer reserva, posso afirmar que o Voudon Gnóstico se utiliza do Vodu haitiano para se construir, mas não para se identificar. Não se trata de uma cópia. Enfim, para se familiarizarem com o Vodu haitiano sugiro meu livro "Vodu haitiano: Serviço aos *Lwas*" e o livro de Sébastien de La Croix e de Diamantino Trindade "Vodu, Voodoo e Hoodoo: A magia do Caribe e o Império de Marie Laveau".

Estudar sem reserva as diferentes manifestações religiosas do mundo também é um exercício importante. Conhecer, ao menos de maneira superficial, as religiões orientais e ocidentais ajudará a entender algumas nuances dos escritos de Bertiaux e do sistema. Sei que essa sugestão parece abstrata (ou, ao menos, ampla), mas estamos falando de algo que deve ser construído ao longo de uma vida e sem qualquer pressa.

Devorem todo material confiável acerca dos movimentos religiosos, principalmente daqueles que influenciaram o gnosticismo (como os Maniqueus), que será discutido mais adiante. Não há como colocar muitas sugestões de leituras aqui ou elas tomariam infindáveis páginas, mas procurem sempre por livros de professores universitários, de intelectuais reconhecidos ou de líderes religiosos. Evitem cair na armadilha de lerem livros propagandistas ou repletos de desinformações. Não se esqueçam de estudar as religiões africanas e afro-americanas para além do Vodu haitiano! Recomendo a leitura de "Palo Mayombe: o Jardim de Sangue e de Ossos" de Nicholaj de Mattos Frisvold, "Tratado da História das Religiões" de Mirceae Eliade, "A Adivinhação na Antiga Costa dos Escravos" de Bernard Maupoil, "O Rei, o Pai e a Morte" de Luis Nicolau Parés, "A Origem de Javé: o Deus de Israel e seu Nome" de Thomas Römer, "Os Orixás na Umbanda e no Candomblé" de Diamantino Trindade, Wagner Veneziani e Ronaldo Linares, "Os Reinos de Quimbanda e os Búzios de Exu" de Diego de Oxóssi, o "Bhagavad Gita", o "Dhammapada" e "Maniqueísmo: História, Filosofia e Religião" de Marcos Roberto Nunes Costa.

Já que tocamos no assunto, falemos então sobre estudar e conhecer bem os movimentos gnósticos. Bem, essa sugestão parece óbvia, mas nem sempre as pessoas se dão conta da importância do gnosticismo dentro do sistema do Voudon Gnóstico. Para que não fiquem dúvidas: é deveras importante conhecer os diferentes movimentos gnósticos. Novamente, essa é uma tarefa que requererá longas horas e anos de estudo, mas não podemos ter pressa. A história e a filosofia dos gnósticos são diversas e complexas. Ao contrário do que muitos imaginam, não existe um gnosticismo único e homogêneo. Em verdade, "gnosticismo" é um termo utilizado para abarcar uma série de manifestações e filosofias espirituais típicas do início do cristianismo. Tão diversas elas eram entre si, que alguns pesquisadores até mesmo se perguntam se o termo é adequado ou se causa mais confusão do que promove clareza. Conhecer esses movimentos típicos do início do cristianismo será algo que começará a ser atingido após a leitura de diversos livros. Novamente, não se deixem dominar pela afobação. Estudem com calma e sigam em frente. Recomendo começarem com "Gnosticismo, Esoterismo e Magia" de Richard Smoley e puxar o fio do estudo por meio das referências oferecidas por Smoley. O livro *Forbidden Faith*, desse mesmo autor, também é altamente recomendado.

É preciso ter uma base sólida de esoterismo e ocultismo se quisermos ir à fundo no Voudon Gnóstico. Aliás, sólida e ampla. Conhecer, nem que seja um pouco, da Teosofia, do esoterismo francês (Martineizmo, Martinismo, Mesmerismo, Éliphas Lévi), da escola Inglesa (Ordem Hermética da Aurora Dourada e Thelema, por exemplo) e dos trabalhos de Paschal Beverly Randolph e de Cabala Mística será de grande valia. É lógico que eu não estou propondo aqui que alguém se torne um especialista em todas estas correntes. Isto seria absurdo. Porém, não é possível passar por cima do fato de que o conhecimento embasado nesses movimentos será valiosíssimo. Para tal, recomendo a leitura dos livros de Lévi, Saint-Martin, Papus, Blavatsky, Leadbeater, Regardie, Chic e Tabatha Cicero, Crowley,

P. B. Randolph, Dion Fortune e Duquette. Em resumo, recomendo fortemente que leiam tudo que puderem desses autores e de outros grandes nomes do esoterismo, que ficaram de fora aqui pelo simples fato de ser impossível formular uma lista exaustiva.

Estudem os diferentes movimentos e pensadores da filosofia ocidental. Bertiaux é um autor extremamente versado nos diferentes movimentos filosóficos e com frequência ele adota certos conceitos advindos destes na hora de se expressar (e não nos avisa disso, pois supõe que o estudante do Voudon Gnóstico já está familiarizado com tais conceituações). Por isso, será extremamente recompensador conhecer os pensadores. Mergulhem no Platonismo, Neoplatonismo e em todos os filósofos mais modernos como Nietzsche, Heidegger e outros. Não se furtem também de estudar psicologia e nomes como Freud e Jung, apenas para citar os mais famosos.

Evidentemente que alguns desses textos podem ser extremamente complicados e indigestos para quem não tem treinamento em Humanidades. Existem, portanto, diversos livros introdutórios que visam justamente apresentar o pensamento desses pensadores ao grande público. Não é vergonha alguma lançar mão deste recurso. De fato, a maioria dos estudantes sérios desses filósofos também precisou de auxílio no início. Então, não há razão para sermos diferentes. O livro "Iniciação à História da Filosofia: dos Pré-Socráticos a Wtiggenstein" de Danilo Marcondes pode auxiliar, assim como a belíssima coleção "Os Pensadores".

Finalmente, é preciso estudar com afinco tudo que for possível encontrar de Bertiaux. Recentemente, foram publicados e disponibilizados ao público em geral os cadernos de estudos do Monastério dos Sete Raios, que é o curso construído a partir do corpo de ensinamentos da OTOA. Esse curso completo é dividido em quatro anos e contém diversos elementos fundamentais para a compreensão apurada do Voudon Gnóstico. Apesar de uma discussão aprofundada desse material provavelmente só fazer sentido aos que se afiliarem à OTOA, a divulgação dos ensinamentos do Monastério foi, sem dúvidas, uma grande contribuição. Como se filiar à OTOA não será da vontade de todos, e, como, de fato, não é necessária a filiação para poder trabalhar com o VGW (embora ajude muito), fica então a recomendação geral da leitura dessas publicações dos quatro anos do Monastério (apenas em inglês, por enquanto). Além disso, outros livros, como os já citados *Vûdû Cartography* e *Ontological Graffiti,* e outros de autoria de Bertiaux, são recomendados. Juntos, eles comporão um cenário mais inteiriço. Infelizmente, não temos nenhum material de Bertiaux traduzido para o Português.

É claro que a enorme lista de sugestões de tópicos para leitura e estudos aqui apresentada não deve ser compreendida nem como exaustiva e nem como um pré-requisito obrigatório. Muitos começarão a trabalhar com o Voudon Gnóstico enquanto ainda se familiarizam com essa miríade de assuntos. A parte prática jamais deve ser colocada em segundo plano, pois ela é o que de fato promoverá a acepção mais completa do sistema. A discussão acerca da prática, aliás, merece um pouco mais de atenção. Ao longo dos anos venho notando que muitos interessados em ocultismo se dedicam a colecionar livros sobre o tema. Uma pequena parcela desses, de fato, se dá ao trabalho de estudá-los. Desse pequeno grupo, um menor ainda se ocupa em operar a parte prática.

É evidente que não há nenhuma questão ou problema em ser um colecionador de livros ou um estudioso dedicado do ocultismo. Na verdade, os estudiosos são valiosíssimos quando se propõem a produzir material para dividir com o mundo, pois oferecem suas perspectivas únicas e fortemente embasadas. Entretanto, o Voudonista Gnóstico não pode ser meramente um estudioso ou um alfarrabista. Se ele assim o fizer, estará de pronto falhando em sê-lo. O recado aqui é direto: é preciso "sujar as mãos e queimar os dedos".

A prática é a única maneira pela qual um mago faz magia. Todo o resto é outra coisa[23]. A magia proposta pelo Voudon Gnóstico é pessoal e pretende acessar espíritos, reinos e dimensões que são muito próprias ao operador. Quando se está falando de algo tão íntimo é preciso notar que a experiência é fundamental e insubstituível. É a experiência que possui a força de moldar os caminhos que seguiremos e de nos revelar os recônditos de nossa individualidade e subjetividade. É o viver, experimentar, sentir, se impressionar e se emocionar que dispararão processos que farão com que as coisas lentamente tomem sentido. Com isso, não pretendo diminuir a importância do raciocínio, da investigação ou do desvelar intelectual. Muito pelo contrário, visto que são ferramentas importantes, mas se desprovidas da base da experiência, não conseguirão colocar o Vodouísta Gnóstico em seu caminho próprio e nem o fazer tornar-se ciente dos mundos e entidades que o cercam.

Eu comentei no início desta seção que o Vodouísta Gnóstico se lança ao continente atlante (e, como já destaquei, isto

---

[23] Lembro-me do excelente livro de Susanna Clarke, "Jonathan Strange & Mr. Norrel" que faz uma boa sátira desta questão (embora eu duvide que tenha sido propositalmente cunhada para o contexto da prática mágica real). No livro há uma sociedade de magos que não fazem magia, apenas a estudam, pois, afinal, seria "absurdo" fazer magia...

também deve ser compreendido de maneira subjetiva) e gostaria de puxar essa ideia como exemplo. Imaginem que vocês leiam tudo que é possível sobre a Atlântida. Certamente, construirão uma ideia relativamente bem definida acerca de como teria sido este local mítico. Essa construção está em uma dimensão meramente mental, imaginária, mas ela pode ser expandida ou ainda trabalhada ou redescoberta pela experiência prática.

No caso em tela, seguindo com nosso exemplo, imaginemos agora que vocês se sintam desejosos de conhecer de fato a Atlântida e, assim como Athanasius Kircher fez em sua exploração no Monte Vesúvio, resolvam ir até lá. De acordo com os processos e operações mágicas que nós conhecemos, isso não só é plenamente possível como não é tão complicado quanto parece! Então, depois de um ritual mágico vocês se lançam em uma viagem pelos reinos astrais e chegam ao continente perdido. Através do uso da imaginação criativa ou da visualização, armas poderosas do Voudonista Gnóstico, poderão ver e sentir, tocar e interagir com o continente! Ora, uma "exploração" assim seria ou não uma experiência riquíssima e completamente distinta de uma mera construção intelectual? A beleza de experiências mágicas assim é que, além de proporcionarem vivências fantásticas, revelam portas, personagens e caminhos jamais imaginados por nós! Quem sabe, por exemplo, quem vocês encontrarão em sua viagem à Atlântida? E o que será que suas explorações revelarão sobre vocês mesmos? Ora, mas se a Atlântida não os apetece, não se preocupem — há infinitos locais e reinos nas múltiplas dimensões da realidade. O Voudonista Gnóstico terá acesso a todos eles. Exatamente: todos eles!

Ora, certamente alguns leitores se perguntarão se tudo que faz um Voudonista Gnóstico é viajar e explorar realidades do ser.

A resposta é: não! Na verdade, tudo o que é possível por meio de magia está ao alcance desse mago Voudonista.

O Voudonista Gnóstico aprende a falar com espíritos e a conseguir deles revelações, informações e ensinamentos importantes. Não só, aprende também a despertar poderes verdadeiramente capazes de alterar o mundo. Veremos no capítulo a seguir algumas das coisas que são ensinadas no VGW, mas podemos aqui adiantar que o sistema do Voudon Gnóstico permite, por exemplo, atrair sorte e influenciar eventos e pessoas. Exatamente o que o operador fará com essas capacidades, fica a cargo de cada um.

No acesso aos outros universos, como o Universo-B, o Meon, o grande nada inefável e inimaginável, o Voudonista Gnóstico pode ter experiências indescritíveis e nunca imaginadas. Ele vai, literalmente, além da Zona Malva, aos recônditos transyuggothianos, e de lá extrai poderes e conhecimentos. Sob os auspícios de Barão Lundi ou ainda dos *Lwas* aracnídeos, pode fazer jornadas infinitas e transforma-se em uma aranha astral que passeará pelos fios da existência!

O que faz, então, um Voudonista Gnóstico?

Ele procura a gnose, o conhecimento pulsante. Ele bebe da fonte da água viva que jorra da *Yggdrasill* cósmica e que enche o mar no qual Damballah/Odin mergulha em sua jornada xamânica! Ele lança UFOs e *ojas* pelos ares e outros tipos de radioatividades voudonistas enquanto programa computadores vudutrônicos em estações temporais estelares, em nebulosas retorcidas habitadas por mistérios afro-atlantes. Ele se senta em seu templo, uma máquina esotérica poderosa, e por meio dos métodos de oração esotérica, entra em contato com as consciências sobre-humanas que habitam o cosmos. O Voudonista Gnóstico escala a cruz e se pendura nela, assim como Legbah-Osiris-Cristo, e de lá, no crepúsculo do tempo e do espaço e da vida e da morte, ele acessa céus, infernos e toda a criação! O Voudonista Gnóstico acessa o seu *Syzygus*, seu gêmeo invisível. Ele molda o barro da criação com suas próprias mãos! Ele sopra vida com seu hálito e jorra venenos mágicos de seus fluidos sexuais.

RITUAL DE DEDICAÇÃO AOS ESPÍRITOS DO HOO-DOO.

Michael Bertiaux apresenta um ritual de dedicação aos espíritos do Hoo-Doo no VGW. Eu recomendo fortemente que os interessados em adentrar na senda do Voudon Gnóstico adquiram o livro de Bertiaux, mas entendo que muitos leitores brasileiros talvez tenham dificuldade em conseguir uma cópia ou, ainda, não compreendam a leitura em inglês (infelizmente não há edição em português do VGW). Por isso, apresento a seguir minha versão deste ritual, que obviamente é baseada na versão original.

Em suma, este é o ritual que declarará sua intenção de começar a trabalhar com os espíritos do Hoo e do Doo. Não se preocupe, não se trata de um acordo sem volta ou de um negócio perigoso. Entenda o ritual como um convite, um chamado para que esses espíritos olhem para você com interesse e que passem a te auxiliar. Você vai precisar de:

- 1 taça de água cheia
- Um símbolo aquático, como uma concha, a imagem de um peixe, de um sapo ou de uma cobra, pintado de azul.

- Um crânio pequeno de gesso, ou outro material, pintado de preto ou, ainda, algo que seja um símbolo para os mortos, na cor preta
- Uma vela
- Um saco de algodão ou uma caixa pequena, que caiba a taça e os dois símbolos. Alternativamente, caso os dois símbolos caibam dentro da taça, ela pode ser utilizada para guardá-los

Voltado para o ponto cardeal Leste, coloque a vela à sua frente, no chão. No lado Sul, coloque o símbolo dos mortos. No lado Oeste, o símbolo aquático. Ponha a taça cheia de água no Sul. Acenda a vela e diga:

> *A luz preenche a escuridão, como minha voz ecoa*
> *pelas regiões eternas. Eu falo para os mortos, eu*
> *falo para o Grande Mestre que está debaixo*
> *d´água.*

Com sua mão direita, pegue um pouco de água e salpique no símbolo dos mortos e no símbolo aquático, enquanto diz:

> *Pelos caminhos da água eles chegam. Eu abro os*
> *portões como Moisés, mestre do Hoodoo, abriu o*
> *mar. Eu os convido, espíritos dos poderes dos*
> *mortos e das águas. Eu estou aqui de braços*
> *abertos.*

Feche os olhos, respire por alguns minutos e sinta a energia dos espíritos. Então recite o juramento:

*Eu juro pelos espíritos dos mortos e pelos espíritos
dos magos que habitam nas profundezas do mar
que eu me dedicarei ao aprendizado do Hoodoo
Sortudo.
Eu ofereço minhas mãos como instrumentos dos
espíritos do Hoo e do Doo. Eu os auxiliarei e sei
que o Grande Rei Dos Mortos e que o Grande
Mestre que está abaixo d'água me serão
favoráveis e me auxiliarão em retorno.
Que eles me inundem de poder e de propósito.*

Sente-se em meditação e fique até quando achar que deve ou até sentir que as energias estão se acalmando. Pegue a taça com a mão direita e diga:

*Eu bebo desta água e assim os poderes dos espíritos
aqui presentes se misturam ao meu ser.*

Guarde os símbolos ou dentro da taça, no saco de algodão ou na caixa preparada para isso. Comece pelo símbolo dos mortos, dizendo:

*Eu repouso o símbolo dos mortos, que eles sigam
seu caminho em paz.*

Depois guarde o símbolo aquático, dizendo:

*Eu repouso o símbolo aquático, que os espírtos
retornem para o fundo das águas.*

Apague a vela e diga: "*Está feito*".

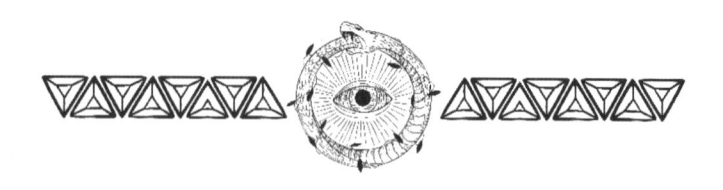

Feitiços de Sorte

O passeio pelo VGW revelará métodos e teorias para coisas muito diversas. Por exemplo, no capítulo do Hoodoo Sortudo, há ensinamentos relativos ao controle de mentes e até mesmo feitiços para se atrair ganhos materiais! Ora, apesar de toda discussão acerca de orações esotéricas e espíritos, não nos esqueçamos de que estamos vivendo no mundo material. Este Hoodoo é, afinal, "sortudo" e, por isso, o operador deve ter sucesso em diversas áreas da vida.

A sorte do Hoodoo, porém, nem sempre é tão óbvia. Tau Zendiq, em seu livro *Keys to the Hoodoo Kingdom,* nos lembra de que a maior parte das lições do Hoodoo Sortudo está interessada em oferecer ferramentas para o operador lidar com clientes. Essa é uma percepção interessante, embora nada impeça de que ele use aquelas lições para si próprio. Entretanto, o autor citado também destaca que os favorecimentos recebidos por aquele que está imerso no Hoodoo Sortudo podem ser bem mais sutis do que ganhar na loteria. Podemos colocar da seguinte maneira: os espíritos do Hoo e do Doo serão como amigos e ajudarão de maneiras surpreendentes e muitas vezes totalmente despercebidas. Como e quando eles agirão, dependerá, em parte, da relação entre eles e o operador e em boa parte do contexto.

Portanto, precisamos afastar da mente a ideia de que o Hoodoo Sortudo seja um apanhado de fórmulas para gerar milionários e *Don Juans*. O grimório em questão trata de materialidade sim, mas sempre guiada pela ação do mundo espiritual. Logo, devemos nos atentar para o fato de que nem sempre os resultados serão exatamente como esperamos e tentar compreender isso como parte de um exercício importante.

CONTEMPLAÇÃO VOUDONISTA E O LINGAM DOS MORTOS

Discutimos coisas como ganhar na loteria, mas é claro, porém, que há seções no VGW que são dedicadas a processos mágicos mais contemplativos. De fato, existem operações que serão desafiadoras àqueles que não tiverem um controle razoável do mundo astral. Por exemplo, há instruções e práticas para a orientação da consciência visando à edificação de templos astrais. Os símbolos são ordenados conforme a mente dita e, assim, máquinas ou espaços mágicos são construídos. Essas técnicas permitem a obtenção de resultados muito marcados, por conta da força que é derivada dos símbolos utilizados.

Construir um templo astral é uma operação relativamente comum dentro da tradição esotérica ocidental. Entretanto, os usos que os templos astrais de *Les Hodeaux* apresentam no VGW são inovadores. Por exemplo, há pitadas de licantropia, com a transformação do mago em aracnídeos! Como se isso já não fosse surpreendente o suficiente, esses templos também podem ser utilizados para a viagem no tempo! E é claro que há inúmeras outras possibilidades de uso desses espaços mágicos. Ficará a cargo do mago explorar o potencial desses sítios e perceber o quão mais eles podem oferecer!

Outras práticas, como as reveladas nas técnicas de *Les Linglesoux*, permitirão ao operador "tornar-se", ou melhor, conectar-se fortemente a um espírito da família dos Ghedes, *Lwas* da morte que têm forte ligação com o erotismo. O uso do poder erótico e da magia sexual serão discutidos mais adiante, mas, por enquanto, nos basta compreender que esses são de uso frequente no Voudon Gnóstico e que as técnicas de *Les Linglesoux* são consideradas equivalentes às reveladas pelo grau VIII° da OTO. A união dos Ghedes ao mago permite alojar esses espíritos dentro de si próprio e despertá-los, ativando seus poderes! As ramificações disso são realmente maravilhosas, já que a quantidade de espíritos é enorme e a combinação de espíritos despertos pode, por exemplo, gerar possibilidades infinitas de exploração.

CORRENTES MÁGICAS VOUDONISTAS E A CONSTRUÇÃO MÁGICA

Indo além de espíritos derivados do Vodu haitiano e de práticas mágicas de construções astrais, vemos, por exemplo, menções a AIWAZ, que obviamente é uma derivação de Aiwass, conhecido por ser uma figura pivotal em Thelema. O VGW conecta AIWAZ aos zothyrianos[24] que o teriam colocado como responsável por comunicar

---

[24] Falaremos mais sobre os zothyrianos em um capítulo posterior, mas cumpre dizer que são humanoides que habitam um universo alternativo completamente estruturado pela magia!

a corrente thelêmica ao mundo. É importante conversamos sobre as referências à Thelema no VGW, pois não é infrequente que alguns leitores entendam que o Voudon Gnóstico e a OTOA sejam thelêmicos. Na verdade, isso é um equívoco. O que está sendo comunicado no VGW é que Thelema é uma corrente mágica, como as outras, sem qualquer precedência ou exclusividade.

Assim, o que fica claro é que a corrente thelêmica é um dos possíveis elementos que pode ser utilizado na composição do universo mágico do Voudon Gnóstico. Entretanto, há tantos locais e tantas paisagens a serem visitadas e trabalhadas dentro do sistema do Voudon Gnóstico, que é perfeitamente possível passar uma vida inteira ignorando tudo de Thelema (ou de qualquer outra corrente específica) e ainda assim fazer um trabalho genuíno!

Essa noção nos comunica, principalmente, que as peças do Voudon Gnóstico podem ser montadas em diferentes configurações, que nem todos os elementos presentes no VGW ou no Monastério dos Sete Raios deverão necessariamente ser explorados por um determinado estudante. Isso pode levar à falsa noção de que o sistema do Voudon Gnóstico é um sistema onde "vale tudo" e no qual "nada é essencial". Essas ideias, entretanto, só podem ser produto de uma falha de interpretação, uma vez que um olhar atento ao longo do VGW, por exemplo, concluirá que há diversas maneiras distintas de se explorar os mesmos temas e que tudo está conectado pela ação de *Les Vudus*.

Já que mencionamos a questão das "diferentes configurações", precisamos notar, ainda, que é no já citado Grimório Ghuedhe que Bertiaux nos dá outra chave importante para a interpretação do sistema do Voudon Gnóstico, quando afirma que o mago não desperdiça as chances de construir seu "próprio sistema mágico". Isso quer dizer que tudo que o VGW ensina deve ser utilizado para essa finalidade. Ou seja, as lições do VGW não são como as instruções mais corriqueiras na tradição esotérica ocidental, que devem sempre ser seguidas à risca e preservadas. Elas são bases que devem ser utilizadas para novas configurações.

É dentro desse sistema mágico, que foi passado para Bertiaux e aprimorado por ele, que vão se encaixando os elementos aparentemente díspares do VGW, mas que já notamos serem parte de uma grande rede. Vemos discussões sobre o I-Ching, *Ojas* (espécie de poderes mágicos fundamentais da "radioatividade sexual" que pode ser projetado pelo corpo em forma de raios) e até UFOs, que definitivamente não são os típicos discos voadores, mas sim tipos de projeções mágicas sexuais (inclusive dos *chakras* dos próprios deuses que habitam o cosmos). Embora cada discussão dessa seja independente, o estudante dedicado perceberá que todas estão conectadas por fios condutores, sendo o maior deles, sem dúvidas, a construção de uma realidade mágica própria. Há, também, outros pontos fundamentais que os conectam, como a interação espiritual, que já discutimos, e a magia sexual, que ainda será objeto de análise nesta obra.

TRANSFORMAÇÕES AFRO-ATLÂNTICAS

Outros elementos de raízes africanas também surgem no VGW. É o caso de Fa, "o gênio" de IFA. Ifá ou Fá é o nome dado a um sistema divinatório, bem como à divindade africana Orunmilá e a um sistema filosófico ou, ainda, a um culto. Curiosamente, a divinação por Ifá e até mesmo o culto de Ifá parecem não ter chegado ao Haiti, ao menos não de maneira similar ao que vemos na África. Bertiaux, entretanto, nos revela que o sistema de Vodu esotérico e o sistema zothyriano (lembrando que ambos estão conectados) trabalham com os poderes de Fa, que nada mais é do que uma força mágica fundamental que criou tanto *Les Vudu* quanto as dezesseis mônadas, que encontram relação evidente com os dezesseis Odus – os signos de Ifá. Estamos, na verdade, diante de um sistema que se baseia em uma divisão quádrupla, sendo o número quatro, então, o número fundamental, do qual derivam os dezesseis signos. Assim, temos uma leitura completamente nova de Fa, que é feita de um ponto de vista claramente mágico e totalmente diferente e afastado do culto tradicional africano.

Embora o caso de IFA seja verdadeiramente emblemático, não é difícil notar que essa fagocitose dos conceitos africanos e afro-americanos permeia todo o sistema do Voudon Gnóstico. Bertiaux justifica isso ao longo do VGW por diversas vezes, afirmando categoricamente que todas as lições apresentadas derivam do Voudon Esotérico, que faria contraste ao Voudon exotérico, que seria o que conhecemos popularmente com o Vodu haitiano.

Essa discussão exige cuidado e sensibilidade, pois é fácil colocarmos os ensinamentos esotéricos como "mais profundos e verdadeiros" e os exotéricos como "mais superficiais e simplificados". Tal entendimento certamente apontaria para uma diminuição da complexidade e da beleza do Vodu haitiano e promoveria ainda mais o racismo religioso sobre esta expressão espiritual. Por isso, é preciso que fique evidente e cristalino: entender o binômio "exotérico x esotérico" sob o ponto de vista quantitativo ou ordenar estes elementos em hierarquia é um equívoco. Quando falamos de exotérico e esotérico, falamos de dimensões que se complementam, que conversam entre si e que são adequadas a um determinado contexto específico.

Vudutrônica e os Ciborgues Mágicos

A roupagem de IFA/Fa que acabamos de discutir é certamente inovadora, assim como são as constantes referências no VGW acerca de máquinas, engenharia e "vudutrônica". A engenharia esotérica descrita no VGW certamente é pouco usual, mas, ao mesmo tempo, é interessantíssima. É através da engenharia oculta e da construção dessas "máquinas", que possuem "peças" ou "sistemas" astrais, que diversas operações mágicas podem ser formuladas com sucesso. Um exemplo simples de uma máquina esotérica seria um Altar, com um componente concreto e um duplo astral que capta as forças mais sutis. Através do Altar, o mago pode coletar esses poderes etéreos e concentrá-los para suas operações.

Assim, a engenharia esotérica do VGW não se parece em nada com um tipo de ciência bizarra que seria características de um vilão de histórias em quadrinhos, mas sim de uma coleção de planos e esquemas mágicos. A criação de máquinas vudutrônicas pode até mesmo ocorrer dentro do corpo, com projetos que ligam os *points-chauds,* ou ainda com ligações ao invisível, transformando o mago em um verdadeiro ciborgue vudutrônico. A consciência e o espírito são as matérias primas fundamentais dessa engenharia fantástica, que por vezes passeia também pela programação de computadores mágicos.

ALQUIMIA VOUDONISTA, MUNDOS ALTERNATIVOS E OUTRAS COISAS MAIS.

Se quisermos, porém, deixar para lá toda essa coisa um tanto *futurista* da engenharia e de ciborgues e aportar em paragens mais familiares, também poderemos. Afinal, a alquimia também entra em cena no VGW, principalmente quando se discute a figura de Osíris-Legbah e Cristo-Legbah, a entidade morta e ressuscitada que figura no centro da cruz. Lembremos que o centro da cruz também é ponto principal das encruzilhadas e no "entre mundos". Assim como nos trabalhos da Ordem Hermética da Aurora Dourada, a figura de Osíris e de sua morte e ressurreição está intimamente conectada ao morrer e renascer do iniciado, passando pelo *nigredo*, *albedo* e *rubedo*. Aqui, novamente entramos em uma divisão quádrupla, base do sistema do Voudon Gnóstico. Uma vez que a cruz divide o plano em quatro quadrantes, estamos falando, também, dos quatro elementos clássicos e do seu papel na jornada do iniciado.

Além disso, a identificação do iniciado com a figura de Legbah é um dos grandes mistérios do Voudon Gnóstico, pois trata da união alimentada por *Eros*, o poder erótico. Cristo, Osíris, Legbah, o *Logos* é a estruturação da energia. Portanto, a união erótica com a força estruturante é o que dispara a elevação do iniciado. Na verdade, essa união poderia ser facilmente o objeto de um tomo inteiro, tamanha é a sua complexidade e tamanhas são as possibilidades por ela disparadas. Entretanto, acredito que para o nosso objetivo, podemos ficar no ponto em que estamos.

Durante todo o texto e lições do VGW vemos as conexões entre Atlântida, Voudon e Zothyria. A explicação para essa insistência está no fato de que, na Atlântida, os poderes de Fa e de *Les Vudu* eram trabalhados corriqueiramente e que o império mágico zothyriano expandiu esses desenvolvimentos. Eu já fui questionado acerca da concretude da crença na Atlântida e em Zothyria. Uma das chaves para a obtenção dessa resposta está no próprio VGW. Vemos que há estudos de "Metapsicologia Zothyriana", por exemplo. Isso sugere que estamos dentro dos domínios do ser. Nesse contexto, é oportuno destacar que Zothyria parece ser, portanto, uma dimensão ôntica[25] própria, assim como Atlântida.

Eventualmente, o estudante e praticante do Voudon Gnóstico receberá as comunicações de *Les Vudu* e seus próprios domínios se revelarão e se edificarão. Tal construção responderá muitas dessas perguntas, para as quais formular uma resposta objetiva agora seria talvez até prejudicial. Enfim, muitos outros assuntos são explorados dentro do VGW e, como já alertamos, seria impossível abordar todos sem construir um texto tão longo e complexo quanto o original. Ainda assim, em seções posteriores discutiremos com maior detalhamento alguns conceitos aqui pincelados e apresentaremos outros que também se encontram nas lições do Voudon Gnóstico.

O leitor que não estava familiarizado com o VGW agora, ao menos, já conhece um pouco do caráter e do espírito desse livro precioso. O próximo passo, sem dúvidas, é se dedicar ao seu estudo e começar a desvelar todos os ensinamentos codificados nas suas numerosas páginas. Espero que estejam animados para esse empreendimento! Por enquanto, vamos ao próximo capítulo deste livro, discutir o "Hoodoo Sortudo".

---

[25] Em uma definição bem resumida, ôntico é aquilo que é fundamental e o que apresenta um caráter bastante específico.

HOODOO SORTUDO[26]

O Hoodoo Sortudo é a seção do VGW que eu considero a mais propícia para agir como uma "porta de entrada" ao Voudon Gnóstico. Além de ela ser simples e ter práticas simples, porém capazes de causar experiências verdadeiramente interessantes, sinto que aqui o contato com os espíritos é muitíssimo bem representado, assim como também é a arte da oração esotérica.

Ofereço, neste e no próximo capítulo, comentários sobre essa seção com um intuito duplo: sempre o de fazer uma apresentação, mas também de revelar uma interpretação pessoal, que além de oferecer algo novo àqueles que já estão familiarizados com o Voudon Gnóstico, fará com que os leitores retornem a este capítulo após a leitura e a prática do Hoodoo Sortudo. Entretanto, reitero: a próxima discussão reflete a minha interpretação pessoal do sistema.

Para começar, vamos adiantar um pouco o assunto da discussão que virá após a deste capítulo, e fazer um breve comentário sobre Atlântida. Conta o mito que o Voudon era a religião da Atlântida. Quando a ilha afundou, ela não teria sido destruída e nem seus habitantes teriam morrido– dentre os quais havia poderosos magos. De fato, eles teriam se tornado espíritos e a ilha continuaria a existir no fundo do oceano. Dessa ilha e dos magos atlantes do passado, vem metade do poder do Hoodoo.

A outra metade vem do próprio reino dos mortos. Nada supera a morte. Sua energia é poderosíssima e os espíritos dos mortos

---

26 Uma versão conjunta e reduzida deste e do próximo capítulo foi publicada como um artigo em língua Inglesa na revista COILS de acesso restrito aos membros da OTOA/LCN.

são os que melhor compreendem a vida. A sabedoria e a capacidade de realização desses espíritos são, portanto, assombrosas.

Qual é então a verdadeira natureza dos espíritos do Hoodoo? Ora, parece-me claro que temos um jogo entre magia e vida. Percebam que os espíritos do Doo, os espíritos dos mortos e da morte, tratam, na verdade, sobre a vida. Afinal, ambos são aspectos inseparáveis da mesma coisa. Os segredos de um são revelados pelo outro e vice-versa.

A magia é o elemento mais misterioso desse conjunto equacional magia/vida (afinal, já estamos vivos, embora compreendamos pouco sobre a vida, verdade seja dita) e precisamos aprender como animar o sistema mágico que fará com que realizações ocorram na vida e que irá encantá-la. Isso também ajudará a desvelar os mistérios que permeiam nossa existência. Bem, a magia é o domínio próprio dos espíritos do Hoo. Essa é a razão pela qual a vida e magia andam sempre de mãos dadas. Juntos, o Hoo e o Doo formam o Hoodoo, que é uma amálgama que quer dizer, no fim, VIDA MÁGICA - o que em outras palavras poderia ser colocado como uma existência verdadeira e preciosa.

É claro que a relação entre os espíritos do Hoo, aquáticos, reptilianos e anfíbios (lembrem-se de que eles eram os atlantes que afundaram no oceano; por isso, assumiram formas relacionadas à água) e aos Antigos da mitologia de H. P. Lovecraft é direta e foi explorada tanto por Bertiaux quanto por Kenneth Grant. De fato, a ilha abaixo do mar pode ser a residência na qual dorme Cthullu, o líder dos espíritos do Hoo. Cthullu aparentemente seria pronunciado Khlûl-Hloo – que parece ser uma forma ou um título para o grande espírito do Hoo. Notem a similaridade entre HLOO e HOO.

Assim, fica claro que existe uma ligação entre Hoo e o mito de Cthullu de Lovecraft. Entretanto, isso não é tudo. Porém, o sentido verdadeiro dessas palavras ficou, evidentemente, perdido na tradução. A passagem de mensagens de inteligências não humanas para médiuns não é uma ciência exata. Vários filtros existem e as informações e sensações frequentemente são mutiladas. Entretanto, existem maneiras de se recuperar esses sentidos e a exploração meditativa é uma delas.

A conexão de Hoo ao elemento água não é acidental. Afinal, a água é o berço da vida. Isso quer dizer que o Hoo é também o assento da origem mágica das coisas. Em outras palavras, a criação é obra do Hoo. Por isso, o Hoo é um caminho integrativo e uma das duas vias que forjam a jornada mágica do hoodoísta. Por ser um caminho anabólico, o Hoo é representado pela transformação dos magos atlantes em criaturas aquáticas. Além disso, a alegoria de Cthulhu dormindo é evidente. Portanto, temos que no Hoo há o potencial de desenrolar a energia potencial ou, ainda, todas as capacidades inatas. O Hoo é a natureza em toda a sua expressão e potencialidade. Porém, ao Hoo falta um elemento significativo, que é o da renovação e, esse, a fórmula *INRI* nos ensina que está no fogo (*Igne Natura Renovatur Integra* – pelo fogo a natureza é renovada integralmente).

A fórmula Hoo & Doo, então, se revela como um casamento alquímico de Fogo & Água[27]. Portanto, aos espíritos do Doo é alocado o fogo e isso faz sentido, pois o fogo é a ferramenta

---

[27] Estou ciente de que Bertiaux, no *Voudon Gnostic Workbook* atribui o Doo ao elemento terra. Obviamente, a associação com a terra é apropriada. Aqui eu estou apresentado uma interpretação ligeiramente diferente, olhando por uma nova perspectiva.

última de aniquilação. Portanto, é pelas chamas da morte e pelo ardor do fim que a natureza é renovada e transformada. O fogo é o dinamismo que permite que a natureza siga sua jornada, assim como a morte é o elemento que propicia a vida. Portanto, não há Hoo sem Doo e vice-versa. Ainda, no caso do Doo, temos uma provável digressão de DOUN ou DOU, que nesse caso se conectaria com OM ou OUM, a síntese da realidade ou da consciência para os indianos. Assim, D-OUM faria alusão ao fato de que a consciência é imortal e selaria a questão de que os espíritos do Doo operam em uma espécie de *memento mori*. Além disso, a associação entre o fogo e a alma é antiquíssima.

Entretanto, falta adicionar um terceiro elemento ao Hoodoo – o Ar. Os ensinamentos cabalistas nos revelam que o ar é o mediador entre o fogo e a água. Obviamente que ao falarmos do ar e de sua associação com a racionalidade, estamos falando do elemento humano. Portanto, nesse sistema, o ar é representado pelo operador ou pelo feiticeiro ou xamã de Hoodoo, o hoodoísta. O ar também é efêmero, assim como os humanos são. Essa efemeridade é que liga o ar ao Hoo e ao Doo, pois é o nascer e o morrer que formam a jornada humana. O ar também é o combustível da vitalidade. Ainda, o ar é invisível, porém sempre presente. Eis que o ar é a representação também da vida – muitas vezes inacessível, mas sempre presente – infindável. Assim também é a morte, inacabável e sempre ao redor. A vida e a morte se confundem novamente. O Hoo está no Doo e vice-versa e o ar é o mediador perfeito disso.

A última camada da equação fica sendo, de fato, a terra, elemento que é atingido por meio da materialização ou da concretização – ou seja, por meio do trabalho do Hoo e do Doo que é executado pelo operador. Se lembrarmos que o universo é uma projeção da *mente universal* ou *divina*, o *nous*, como nos ensina Michael Bertiaux, entenderemos a razão pela qual associam a terra à esfera mais aos pés da Árvore da Vida na escola da cabala luriânica. Por outro lado, como a materialização é a obra do mestre, está explicada também a razão de *Kether* estar em *Malkuth* e *Malkuth* em *Kether*. Entretanto, a Árvore da Vida é um dos símbolos mais rudimentares do universo, pois, na verdade, os 231 portões são um símbolo mais completo e que mais se aproxima do diagrama que forma a Teia do Universo, dominada pelos irmãos gêmeos Anamse e Barão Zariguin, dos quais trataremos adiante.

Esses quatro elementos ou pontos formam a base que se projeta para um quinto ponto, que é o ponto do espírito. Esse ponto é o ápice da pirâmide Hoodoo, que também é a representação de Legbah-Osíris - o ponto que se projeta desde os encontros, ou das encruzilhadas. Esse é o assento do espírito, pois é aqui, nesse meio - que representa o meio de uma coluna ou do *poteau-mitan* e se faz equivalente ao ponto de *Tiphareth* na Árvore da Vida -, que o hoodoísta encontra os espíritos. Então, mais do que um ponto de não retorno, esse é um estado que pode ser alcançado diversas vezes.

Evidentemente, esse é um estado que pode ser conquistado também. Ou seja, se o feiticeiro hoodoísta consegue cumprir seu objetivo de atingir sua VIDA MÁGICA, de (re)encantar sua existência, ele está nesse estado de mediação o tempo todo. Isso não quer dizer que o hoodoísta estará em um transe contínuo, mas que saberá enxergar os mecanismos, as sutilezas e a presença do invisível no visível. Ele terá adquirido o *pris-des-yeaux*. Assim, temos a representação da pirâmide com o olho no seu ápice e seu significado mais oculto nos é revelado. Ainda, é preciso compreender que a pirâmide é a base na qual se assenta o trabalho do hoodoísta. Depois que o hoodoísta entende que ele é a própria pirâmide, que precisa ser edificada – ou seja, a compreensão da interação de Hoo, Doo, pessoa e manifestação para se atingir o espírito -, é possível criar um sistema de trabalho mágico próprio.

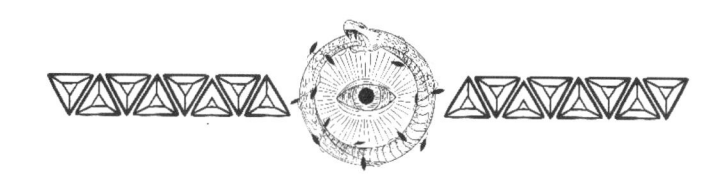

Os Magos Atlantes e o Hoodoísta Imortal

Ser um mago atlante e um hoodoísta imortal é parte do que buscamos alcançar quando trilhamos o caminho do Hoodoo. O que isso quer dizer? Que estamos perseguindo uma trilha xamânica que nos conecta ao invisível através de técnicas do Voudon Afro-Atlante e do Hoodoo. A beleza desses sistemas é, justamente, que eles são absolutamente desprendidos de limitações espaço-temporais. Isso significa, ainda, que os espíritos do Voudon Gnóstico e do Hoodoo se apresentarão a cada um de maneira muito distinta. Por consequência, o trabalho orientado por esses espíritos também não será idêntico, embora guardando semelhanças estruturais.

Os espíritos ensinarão a construção de feitiços e de máquinas mágicas, com as quais o hoodoísta trabalhará para suas consecuções. Muitas vezes as coisas poderão parecer confusas. É preciso ter em mente que esse tipo de comunicação não é direta e nem geralmente óbvia (embora possa ser). Portanto, o hoodoísta precisa afinar sua antena mágica. A melhor maneira de se fazer isso é através de exercícios simples e da prática dos rituais do Hoodoo. Precisamos ter em mente que, em tradições mágicas de tratos com espíritos, estamos lidando com uma relação que precisa de trabalho. Pensar que bastará seguir fórmulas prontas é cair em uma armadilha.

O Hoodoísta Sortudo é, assim, um xamã, um mediador e um andarilho, cuja tarefa mais nobre é tornar o invisível visível e trazer a magia para todos os aspectos da vida. O hoodoísta, entretanto, tem um pé no visível e outro no invisível e, no fim, tudo se tornará a mesma coisa para ele. Por isso, ele é necessariamente alguém ímpar, dedicado e muito imerso no seu trabalho mágico. Qualquer um pode ser tornar um hoodoísta. Na verdade, como nos ensina Bertiaux, todos já somos hoodoístas, só precisamos entender isso. O primeiro passo para que entendamos que somos hoodoístas é querermos nos tornar um. Para isso, não há escapatória, precisamos trabalhar com os espíritos.

Antes de discutirmos brevemente os espíritos em si, cabe destacar o significado de "todos somos hoodoístas": isso definitivamente não quer dizer que qualquer um possa fazer qualquer coisa. O que essa afirmação destaca é que não há pré-requisitos especiais ou linhagens de sangue ou qualquer outra coisa específica para que alguém se torne um hoodoísta. Basta vontade e trabalho.

Bem, os espíritos são as forças invisíveis e intangíveis, mas muito reais, que habitam o nosso universo. Muitos se frustram por acharem que os espíritos não são "espíritos de verdade". Alguns preferem acreditar que sejam "partes da mente". Outros, por sua vez, têm certeza de que sejam entidades autônomas e com consciência. A verdade é que você pode acreditar no que você quiser, pois os espíritos não estão preocupados com sua compreensão acerca deles. Eles trabalharão com o hoodoísta ainda assim e, aos poucos, revelarão mais e mais acerca de suas características.

O primeiro passo nessa jornada é o ritual de dedicação aos espíritos do Hoodoo Sortudo, descrito no *Voudon Gnostic Workbook* e que tem sua versão neste livro. Estou ciente de que muitas pessoas tenham problemas em trabalhar com espíritos com os quais não tenham extrema familiaridade e entendo, é claro, esse posicionamento. É sempre bom entender onde estamos nos metendo. Para isso, sugiro pensar na aproximação com os espíritos como uma aproximação de amizade. Dedique-se a eles e fique tranquilo. Se as coisas não andarem conforme seu intento, por qualquer razão, será possível encerrar a relação sem maiores prejuízos.

Além disso, muitas pessoas querem, ainda, ter certeza do que ganharão com o trabalho com os espíritos, mas elas nem mesmo sabem o que elas querem e nem o que poderão oferecer. O trabalho é uma via de mão dupla. Você está realmente disposto a se dedicar e a ouvir os espíritos? Pois se não estiver, não espere resultados. Por ser um trabalho dinâmico e que pede por contribuições de ambos os lados, é claro que não podemos encarar o serviço a esses espíritos como servidão. Servir aos espíritos do Hoodoo é mais um trabalho de autodedicação do que outra coisa, pois esses espíritos têm por objetivo principal ajudar o hoodoísta a despertar para sua vida mágica.

O hoodoísta desperto se tornará um Mago Atlante. Em outras palavras, ele se lembrará da magia da Atlântida, onde reinava a vida mágica. Esse lembrar, acredito, deve ser entendido com cuidado. Com muito cuidado, eu diria. Não estamos falando aqui de se lembrar das coisas como nos lembramos do que fizemos ontem ou há alguns anos. A lembrança da Atlântida é um ímpeto, talvez uma sensação, algo que nos faz viver de maneira diferente. É o mecanismo de reencantamento do mundo. Lembrar-se da Atlântida é um passo sem volta, geralmente. Porém, não é algo estático. Ao contrário, é um processo dinâmico e sempre presente.

Também não é como uma chave que vira em um belo dia. São camadas que vão sendo vencidas. Quanto mais você vai entendendo como viver sua vida mágica, como ser um hoodoísta e como equilibrar o fogo e a água para fazê-los terra junto do seu ar, mais e mais a lembrança vai se potencializando. Os espíritos do Hoodoo Sortudo e do Voudon Gnóstico ajudarão nessa jornada. Aliás, sem o auxílio dos espíritos, esse processo, como eu discuto aqui, é impossível. É por isso que o hoodoísta é imortal. Quando o xamã hoodoo começa a lembrar da sua Atlântida, ele se conecta aos fios da teia da vida e da morte e se abre para uma jornada que levará incontáveis vidas. No labirinto que é constantemente fiado por Anamse/Zariguin, a morte a vida são duas faces de uma mesma moeda, revelando que não há fim para as coisas, inclusive para nós mesmos.

Assim encerramos dois capítulos de discussão mais livre acerca do Voudon Gnóstico. Apesar desse salto, precisamos ainda retornar a questões mais fundamentais e deixar alguns pontos bastante definidos antes de encerrarmos esta obra.

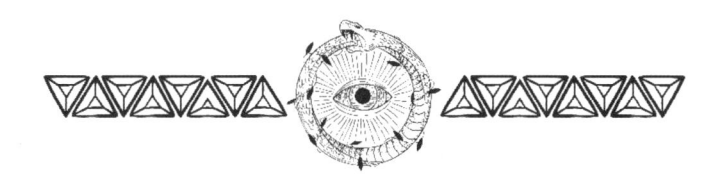

ZOTHYRIA ALÉM DAS ESTRELAS: DENTRO DA SUA MENTE!

Já comentei que os prefácios dos livros são geralmente ignorados. Outras seções frequentemente ignoradas também são aquelas que são apresentadas após o fim do corpo do texto geral. No caso do VGW, há um glossário que é frequentemente desconhecido. Verdade seja dita, é fácil não o encontrar por conta do volume colossal da publicação. Enfim, nessa seção do livro, há a explicação de diversos termos típicos que surgem ao longo do texto. Particularmente, nos interessa a definição de Zothyria, que estabelece que este seja o nome do "universo alternativo" e que "zothyriano" é tudo aquilo dentro da magia que é típico do interesse dos gnósticos. Trata-se de um império simbólico estabelecido nesse universo distinto e que é completamente estruturado pela magia.

Estamos quase no terreno da ficção científica, alguns diriam. Bem, eles não estariam completamente equivocados, mas, afinal, estamos tratando de magia e, sem um pouco de coisas fantásticas, o que seria desse nosso sistema do Voudon Gnóstico senão algo desinteressante?

Já discutimos que o império de Zothyria pode ser compreendido como uma dimensão das muitas que compõem a esfera ôntica de uma pessoa. Isso, claro, embora não seja necessariamente inteiramente subjetivo, pode ser abstrato. Afinal, sabemos que o melhor estado de consciência para acessar o reino ôntico é entre a meditação profunda e o sono leve. Esse também é o melhor estado para programação de computadores mágicos, que farão conexões lógicas entre diferentes realidades gnósticas e mágicas. Ora, assim é possível, portanto, realizar viagens a universos alternativos, como o universo zothyriano.

Seja como for, é fato que Bertiaux entrou em contato com inteligências zothyrianas diversas vezes e, no VGW, ele descreve os zothyrianos como humanoides que habitam um universo distinto. Que humanoides seriam esses, exatamente? Somente a comunicação por meio dos computadores ou por outros métodos poderá revelar. Uma dessas metodologias é a dos *points-chauds*, através de métodos e processos definidos, pelos quais um sistema de 30 desses pontos é ativado e permite a viagem até o império em questão. Certamente, há outros. Há, inclusive, métodos de contato com Zothyria que ainda nem foram desenvolvidos!

Estamos, porém, nos adiantando. Primeiro, precisamos entender melhor o que é essa tal de Zothyria. Permitam-me coletar algumas informações que estão lançadas pelo VGW acerca desse império e elencar algumas das suas características e façanhas. Os planetas, por exemplo, estão conectados às forças mágicas zothyrianas e sua localização, movimentações e interações são parte das expressões dessas poderosas forças mágica de Zothyria. O Império Zothyriano também contém, em suas fileiras, forças angélicas e arcanjos!

Em determinado momento, Bertiaux afirma que os elementos zothyrianos são similares ao "Ego Transcendental".

Uma pequena pausa se faz necessária. O conceito de Ego Transcendental pode não ser familiar aos leitores. De fato, não é um conceito de acepção simples, mas tentarei oferecer uma explicação razoável, através de Husserl e Kant (ou seja, estou navegando em águas turbulentas aqui) e com a ajuda de David Carr (1977) e de muitos outros. O Ego Transcendental é uma parte do ser que se encontra anterior a tudo que pode ser sentido, percebido e conhecido. É uma parte de nós mesmos que é particular e que não dividimos com os outros. De pronto, percebemos que é algo que está lá, mas que não pode ser facilmente conhecido, pois tudo que sabemos fazer (geralmente) é nos reconhecermos por meio do reflexo do estranho. É algo fundamental, basal, estruturante, mas que não está revelado de maneira dada e que, portanto, guarda todas as possibilidades dentro deste mistério profundo. É um tipo de consciência verdadeira, poderíamos dizer. Ou, ainda, poderíamos definir como a consciência de tudo que é universal e real em um sentido metafísico e, por conta disso, algo verdadeiramente único.

Continuemos com a coleção de elementos zothyrianos e, depois, retornaremos à questão do Ego Transcendental, quando fizermos um apanhado e pensarmos numa conclusão para este capítulo. Quando discute Fa, o VGW afirma que o sistema zothyriano é similar, um tipo de sucessor, do Voudon Esotérico do Haiti, uma vez que ambos têm por base o Fa. Porém, não são idênticos, pois, mais adiante no texto, Bertiaux afirma que os *Lwas* agem na mente inconsciente, enquanto os "semideuses zothyrianos" atuam na mente superconsciente, a parte que dividimos com a mente divina.

Indo além, vemos que o Império Zothyriano é essencialmente composto da "forma pura da lógica gnóstica da esfera ôntica" e que os zothyrianos são humanoides, mas não necessariamente como nós, já que a sua cultura é toda baseada em premissas diferentes. Somos informados também de que o universo zothyriano fica "no outro lado de Órion" em relação ao Sistema Nemironiano, do qual, na verdade, o Império Zothyriano é uma dissidência. No glossário do VGW, encontramos que os neminorianos vivem em um planeta em Órion e que, de alguma maneira, estão também na mente de Michael Bertiaux e de outros iniciados. Lembremos, por ora, que, de acordo com Alice A. Bailey em seu trabalho "*The Labours of Hercules: An Astrological Interpretation*", Órion significa "luz" e que está ligado ao espírito.

Seguindo, encontramos que a mente superconsciente e a mente supraconsciente se tornam ferramentas de trabalho dos neminorianos e dos zothyrianos após certos processos de desenvolvimento mágico. Não somente isso, mas nas lições de topologia, aprendemos que todos os espaços de Zothyria estão dentro da imaginação mágica do mago e se arranjam em sua esfera ôntica. Mais informações são dadas nas lições de "Energias-Alfa". Aqui, temos uma revelação surpreendente – a de que energias mágicas podem modificar os corpos dos zothyrianos de maneira a torná-los densos como os corpos humanos, que eles podem vir a substituir! Ora, não parece que estamos discutindo uma mudança interna mais do que uma mudança externa? Entretanto, nem sempre as aparências de fato apontam para uma verdade.

A discussão que quero levantar é uma que está presente em diferentes searas do esoterismo. Ela não é fácil e, provavelmente, os diferentes leitores terão visões discordantes sobre ela. É muito provável, também, que esta discussão continue nos acompanhando em nossa jornada pelo esoterismo enquanto estivermos nesta configuração civilizatória. O que eu sei, com certeza, é que a discussão não muda como o sistema funciona – e funciona! Portanto, alguns poderão achar que estaremos apenas desperdiçando linhas. Eu não acredito que estejamos prestes a entrar numa contestação vazia, já que este livro está preocupado em discutir e apresentar os conceitos do Voudon Gnóstico. Assim, se este não for o fórum para discutirmos a questão que se segue, qual será?

Enfim, vamos ao ponto: Zothyria é um império concreto ou é uma construção ou camada da mente, talvez do dito Ego Transcendental? Essa pergunta é relevante, pois, ao prosseguirmos nesta discussão, estaremos também discutindo as bases de todo o sistema do Voudon Gnóstico. Foco em Zothyria, pois esse é (acredito) o caso mais emblemático para este questionamento, dentre todos que aparecem no VGW. A resposta que eu tenho para lhes oferecer não é fácil. Não basta um simples "é ou não é".

Uma das grandes lições dentro do sistema do Voudon Gnóstico e que está apresentada no Monastério dos Sete Raios é a de que o "universo é uma projeção da mente dos mestres". Ignoremos os mestres para nossa discussão presente e foquemos em "projeção da mente". Poderíamos falar, aqui, da projeção da mente universal, mas vamos explorar o que conseguimos compreender se olharmos, nesse caso, para nossas próprias mentes. De fato, a humanidade vem debatendo as questões relativas ao universo subjetivo e ao universo objetivo há tempos, de maneiras variadas e com interpretações e pontos de vista os mais díspares. Grandes pensadores se debruçaram sobre esse problema e eu, sem qualquer pretensão de me equiparar a eles, só posso contribuir com uma ou duas ideias.

Obviamente, o universo objetivo é aquele que podemos mensurar e conhecer de maneira empírica. É o que vemos, sentimos, tocamos e que a natureza orquestra. O subjetivo, por sua vez, é aquele que é percebido e experimentado por cada pessoa. A grande questão é: existe uma diferença entre eles? Em um primeiro momento é tentador dizer que sim, mas quanto mais paramos para pensar nessa pergunta, mais um simples "sim" parece incomodar.

Só enxergamos, vemos, ouvimos e tudo mais, por conta de uma série de processos fisiológicos que vão ter seu ápice no cérebro. Ora, não pretendo afirmar que cérebro e mente sejam a mesma coisa, mas que há uma ligação, isso me parece ser indiscutível. Mesmo que assumamos que a mente e a consciência não estejam assentadas no cérebro, podemos imaginar que, de alguma maneira, elas trabalham nele ou, ainda, o controlam. Assim, as coisas que experimentamos parecem ser, ao menos em algum nível, também experimentadas na nossa mente/consciência (que também não são, necessariamente, a mesma coisa). Portanto, será possível retirar totalmente a subjetividade de qualquer realidade?

Retornando ao Império Zothyriano, sabemos que Bertiaux e outros fizeram contato com inteligências zothyrianas e que estas os instruíram em diversos conceitos do sistema mágico e gnóstico que conhecemos como Voudon Gnóstico. Isso, entretanto, não nos responde nada acerca do questionamento levantado, mas vamos manter essa informação em mente.

É verdade que diversos elementos do VGW acerca de Zothyria apontam para processos da mente e do espírito, como a metapsicologia, a topologia e até mesmo Órion e sua equivalência ao espírito. Por outro lado, há afirmações categóricas de que os zothyrianos sejam seres conscientes de outro universo. Sem insinuar que sejam equivalentes, mas ilustrando uma discussão semelhante, alguns leitores podem estar pensando na discussão acerca do Sagrado Anjo Guardião – seria ele interno ou externo? Muitos já tentaram responder essa questão e se deparam com grandes dificuldades.

Eu avisei de antemão que a resposta não seria fácil – pois ela é dupla. Zothyria é ao mesmo tempo real e parte de uma projeção mental que pode ser acessada coletivamente. Nossa sociedade tende a classificar tudo que seja astral como algo "fantasioso", porém, nos reinos astrais, em meio ao etéreo, encontramos infinitos universos que podem ser acessados pela consciência! Assim, podemos acessar e conhecer Zothyria e estabelecer contato com esse império e com esses seres, que são humanoides em mente e não em corpo. Ora, é justamente isso que Bertiaux está tentando comunicar: há universos inteiros dentro de nós, mas talvez não literalmente "dentro". É preciso conferir novo significado aos domínios da consciência e da mente e à ideia de universo. Não é de hoje que o aviso foi dado: "o que está acima é como o que está abaixo".

Assim, quanto mais o Voudonista Gnóstico compreende essa realidade e domina tal capacidade, mais sua conexão com Zothyria aumenta e a comunicação com os zothyrianos se torna mais frequente. Com isso, podem receber iniciações especiais, que permitirão o despertar de novos poderes e de novas percepções. Essa é a maneira pela qual o Voudonista vai se tornando cada vez mais zothyriano e pela qual os zothyrianos vão, também, ganhando um corpo de matéria densa.

O corpo, aliás, que para o Voudonista Gnóstico não está em oposição à mente, faz parte desse processo. Sendo o corpo, mente e consciência conectados, é o corpo uma das chaves para que se desbloqueiem passagens para certos recônditos mentais e astrais mais escondidos. Por isso temos que técnicas como as dos *points-chauds* e certas técnicas de magia sexual serão importantes para a conexão zothyriana e com *Les Vudu*. Em última análise, o corpo e a mente são ambos parte de uma consciência e são, para ela, instrumentos. Corpo e mente são as plataformas de lançamento dos ônibus transuniversais que, operados pelos computadores mágicos e pelas máquinas vudutrônicas, fazem a conexão entre nosso universo e o universo-Z. Para viajar à Zothyria não é preciso mais do que o material que já temos à disposição, só nos basta entender como ir desvelando, camada por camada, esse mistério.

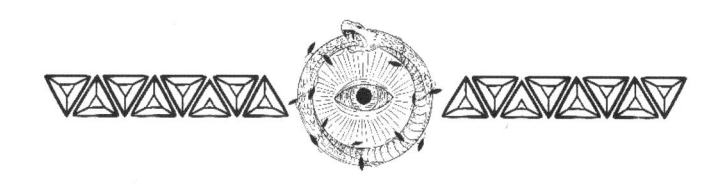

A Serpente e o Ovo: Magia Sexual Cósmica

Uma das bases do sistema do Voudon Gnóstico é a magia sexual. Se nos lembrarmos do capítulo "O Mito de Fundação", saberemos que Lucien François Jean-Maine era versado nos mistérios da OTO e no sistema de P. B. Randolph. Assim, poderemos rastrear, pelo menos parcialmente, a origem do desenvolvimento da magia sexual encontrada no Voudon Gnóstico.

É claro, entretanto, que podemos ir mais fundo na história para estabelecer as relações entre o amor, sexo e magia. Por exemplo, Marsilio Ficino vai dizer que a magia deriva todo seu poder de *Eros*. Essa ideia conversa, como colocado brilhantemente por Ioan P. Coulano [28], com a produção de *fantasmas*, espécie de artifícios que o espírito fabrica a partir das sensações do corpo e que seriam legíveis pela alma (que não entenderia a língua do corpo). Esses *fantasmas*, mais sutis do que palavras, seriam imagéticos e, ainda, fundamentais para a famosa arte da memória, tão valorizada por Giordano Bruno. Ainda, o desejo erótico seria uma das maneiras mais poderosas para a

---

[28] No livro Eros and Magic in the Renaissance.

produção de *fantasmas*. Em outras palavras, *Eros* seria um processo fantasmático ou imaginativo! Curiosamente, Coulano afirma que a *"magia é um processo fantasmático que se utiliza da continuidade da pneuma individual com a pneuma universal"*. Assim, ele conecta firmemente também *Eros* à magia, seguindo Ficino e, de algum modo, emulando o axioma hermético mais famoso.

Apesar da discussão acerca do erotismo e da magia ser antiga, como vimos, o assunto "magia sexual" é ainda muito incompreendido e repleto de preconceitos. As confusões são tantas que precisamos tomar cuidado ao seguirmos adiante. Não pretendo negar que existam práticas mágicas que envolvam, de fato, o ato sexual[29], mas não é essa a totalidade da magia sexual encontrada no sistema que estamos discutindo. Além disso, não deveríamos enxergar problema algum na sexualidade e que, justamente por nos relacionarmos mal com a nossa própria sexualidade, a magia sexual é um "campo minado".

Ao falarmos de magia sexual, nos referimos ao encontro e à união de energias que podem despertar poderes e sensações fortíssimas no ser humano. Essa magia é construída, de maneira operativa, principalmente com base em pontos de poder ou *points-chauds* - pontos no corpo do operador que podem ser despertos através de energia erótica. Esses pontos são a ponte que permite a interação de *Les Vudu* com o corpo. Além disso, a interação com os espíritos é um ato de magia sexual, pois preza pela união de duas consciências, uma positiva (a do espírito) e a uma negativa (a do receptor) – ou até mesmo de espírito e corpo, na ativação dos *points-chauds*.

---

[29] Lembrando que isto deve ser praticado apenas por adultos, conscientes, cientes, dispostos e sempre com consentimento.

O ato de unir é importantíssimo na magia sexual. A união de duas consciências, a união de uma consciência à outra inteligência, enfim, todo tipo de união. Quando falamos de união, falamos do pareamento cósmico personalizado pelo Syzygy. Para começarmos essa discussão, vamos voltar a Valentino (100-160 d.C.), um cristão gnóstico e pensador importante que comandou uma escola filosófica. Em resumo, Valentino formulava que o Syzygy (o par) era fundamental para a união que levaria à completude total. Essa ideia era central na sua gnose. O profeta persa Mani (216-274 d.C.) também contribuiu para a ideia de Syzygy, pelo menos como podemos entendê-la atualmente. Esse profeta foi o fundador do movimento religioso conhecido como Maniqueísmo, termo que hoje em dia está repleto de significados equivocados e simplistas. Mani acreditava que um estado absoluto de pureza era o resultado da gnose. Essa gnose seria o saber que permitiria perceber a diferença ente os opostos fundamentais do universo, o que daria uma clareza ímpar acerca da sua estrutura. Mani atribuía seus ensinamentos a uma entidade a qual ele chamava de *Syzygus* (sua contraparte, ou "gêmeo" divino)[30]

No Voudon Gnóstico, o Syzygy surge novamente como formulado por Valentino, mas não podemos perder de vista o pensamento maniqueísta. A união com nosso próprio gêmeo divino seria um ato chave no alcance do conhecimento do Pleroma. Essa pode, muito bem, ser uma maneira de se atingir um estado de gnose puro e total que está codificada no sistema Voudonista Gnóstico.

---

[30] Podemos, com certeza, pensar aqui no Daimon socrático e no Sagrado Anjo Guardião, mas não só, já que em Ifá, por exemplo, é dito que todos nós temos um duplo no invisível.

Entretanto, a magia sexual vai além. Já discuti brevemente que a utilização da energia erótica – tanto sensorial quanto mental – é uma das ferramentas que temos em mãos quando somos Voudonistas Gnósticos. Antes de dar alguns exemplos de como essa energia pode ser direcionada (para qualquer objetivo, adianto), cumpre pensarmos um pouco sobre a questão da magia sexual do corpo e da mente. No capítulo referente ao Império Zothyriano, no qual fizemos uma viagem por pensamentos que permeiam todo o Voudon Gnóstico, eu afirmei que neste sistema o corpo e a mente não são vistos como antagonistas. Isso, porém, não é o mesmo que dizer que eles sejam essencialmente a mesma coisa. É preciso reconhecer que o corpo e a mente/consciência estão trabalhando juntos e que se conectam intimamente, mas possuem características próprias que precisam ser reconhecidas para operarmos dentro de suas limitações e potencialidades.

A magia sexual pode ter componentes físicos, corpóreos, mas também pode ser realizada em planos de consciência ou astrais. Isso não chega a ser surpreendente quando refletimos sobre o quanto o componente sexual carnal ordinário é dependente da mente. Engana-se terrivelmente aquele que acha que o sexo é mero encontro de carnes, pois no ato sexual (seja ele qual for) há trocas importantes entre os parceiros, que vão muito além dos processos fisiológicos. Porém, nem só de trocas subsiste o sexo, já que é possível a excitação e o orgasmo de maneira solitária. A energia erótica pode ser movimentada de várias maneiras, a depender do gosto do operador. Como isso é feito, na verdade, pouco importa. Para a nossa discussão, preocupa-nos é que ocorra o fluxo de força sexual, que carrega um potencial de ação enorme.

Alguns pensadores e escolas de magia sexual entendem que o melhor é não liberar a energia erótica, mas sim mantê-la acumulada. Nesse contexto, a liberação do sêmen e dos fluidos sexuais seria indesejada. No Voudon Gnóstico, ao contrário, a energia sexual ativada e circulante que é liberada durante a excitação e durante o orgasmo - uma das maneiras, por exemplo, de ativação dos já tão mencionados *points-chauds* -, permite, por exemplo, que se atinjam determinados graus de consciência que seriam dificilmente acessados em condições normais. Essas alterações na consciência podem ser utilizadas para determinadas operações mágicas e para viagens aos infinitos universos alternativos. Ainda, podem permitir o contato com inteligências não humanas, tendo até mesmo um potencial oracular bastante interessante.

É pelas polaridades que esse mecanismo encontra sua provável base de funcionamento. Novamente, voltamos à ideia do Syzygy. Queremos promover uma união e, para tal, precisamos definir nosso objetivo. Qualquer que ele seja, uma vez determinado, podemos utilizar a energia sexual para nos polarizar opostamente e, assim como na natureza, essas cargas opostas irão se atrair[31]. União de polaridades opostas: isto é a magia sexual em uma definição rápida e simples (porém longe de ser completa). Por favor, que não se confundam polaridades com gênero biológico, afinal, ambas as polaridades estão presentes em nós mesmos. É sempre importante destacar: cada um é livre para amar e para fazer sexo com quem quiser e nenhum tipo de casal está impedido de praticar magia sexual. Estamos aqui discutindo outras camadas, mais sutis. Entendo que aos olhos desavisados,

---

[31] Aqui nos remetemos a P. B. Randolph e Maria de Naglowska que afirmavam que "a força maior e principal da natureza é o sexo".

a discussão de polaridades possa soar limitada, mas espero que o público deste livro não tenha esse olhar. Isso não quer dizer que não existam determinadas operações de magia sexual que necessitarão dos fluidos sexuais específicos de um gênero ou de ambos os gêneros. No próprio VGW, há indicação de operações onde os "venenos" secretados são utilizados. Esses, porém, são casos específicos no campo da magia sexual, que, como já afirmei, abarca possibilidades para todos.

Não pretendo, aqui, oferecer um manual de magia sexual, mas é importante ressaltar que, embora todos possam praticar este tipo de magia, nem todos estarão necessariamente preparados. Primeiramente, como para qualquer tipo de técnica mágica, é preciso ter base. Geralmente, essa envolve inúmeros exercícios de visualização, respiração, controle astral e também de controle do corpo. Sem algum grau de domínio básico nas técnicas mais elementares de magia, dificilmente operações de qualquer tipo serão bem-sucedidas. Além disso, é particularmente importante ter maturidade e responsabilidade quando o assunto envolve o sexo. Mesmo em técnicas solitárias é preciso estar atento a isso, pois algumas delas envolvem o disparo da excitação através do desejo erótico por terceiros. É necessário saber estabelecer limites e lidar com nossas fantasias, ou a magia sexual pode ser fonte de uma série de armadilhas.

Vou para além do sistema do Voudon Gnóstico propriamente dito para buscar um exemplo interessante de como a magia sexual é poderosa e versátil. Faço isso, pois se trata de um caso muito emblemático e que envolve um sistema que é amplamente conhecido dentro da tradição esotérica ocidental. Em seu livro *Winds of Wisdom*, David Shoemaker cria e utiliza com sucesso um método de magia sexual para fazer viagens aos Aethyrs Enoquianos [32]. No caso em tela, ele canaliza a energia erótica como disparador de alteração de consciência, manipulando as polaridades para atingir os Aethyrs desejados.

No caso específico do Voudon Gnóstico, voltemos aos *points-chauds* para dizer quem deles, existem centros cerebrais e centros sexuais. A conjugação dos centros cerebrais com os centros sexuais (portanto, a união entre eles) desperta os espíritos que habitam nesses pontos e pode causar diversos efeitos. Os espíritos que estão nos pontos sexuais são chamados de *Daemons*, enquanto os dos pontos cerebrais, de *Aeons*. Esses espíritos agem no corpo por meio de radiações sexuais e podem se expressar também nos fluidos.

Deve estar bastante evidente, pela discussão que construímos até agora, que a união de polaridades, a formação de pares, é uma das bases constitutivas para a união ao Pleroma. Ao atingir essa completude e esse estado de gnose absoluto, a mente humana se une à mente divina de maneira completa e a consciência se expande alcançando todos os universos. Assim, não podem restar dúvidas de que, se estamos trabalhando dentro de um sistema cujo objetivo central é a construção da cosmogonia própria do mago, essa gnose pela união seja fundamental!

---

[32] Se o leitor não estiver familiarizado com a Magia Enoquiana, recomendo *Enochian Vision Magick* de Lon Milo Duquette e Jason Louv. De maneira resumida, é um sistema baseado nos trabalhos de John Dee e Edward Kelley que, na Inglaterra do Século XVI, receberam revelações de entidades que são popularmente chamadas de Anjos Enoquianos. Em língua portuguesa temos poucas opções, dentre elas o livro "Magia Enochiana para iniciantes" de Donald Tyson.

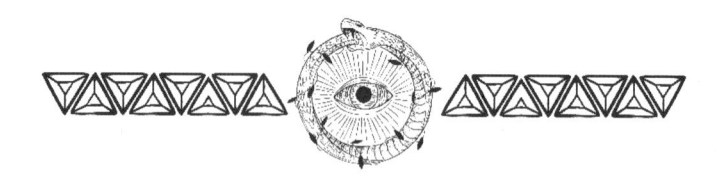

LEGBAH,
O SENHOR DA MAGIA SEXUAL

O homem-deus, a síntese entre o divino e o profano, é um mistério e uma contradição. O Cristo é uma figura liminar e uma encarnação de transição, mas se nos pautarmos pelos entendimentos mais comuns acerca dessa figura, temos que em vez de nos aproximar de Deus, ela nos leva ainda mais para longe dele. A razão é simples: porque só ele tinha a condição de ser deus e humano ao mesmo tempo. Assim, sendo ele tão especial (toda uma religião é construída em seu nome), não podemos deixar de sentir que estamos no extremo oposto e somos essencialmente mundanos.

Não é por acidente e nem mesmo por alguma estranha ironia que as histórias nos contam que Cristo foi morto em uma cruz. A cruz marca o ponto onde tudo está conectado e somente nessa mistura de coisas é que um homem que não é homem, mas sim um deus, poderia encontrar seu fim e seu (re)começo. Poderíamos argumentar, ainda, que essa visão tradicional de Cristo não é correta e apontar que Cristo não era uma pessoa, mas era/é um estado de ser. Esse ponto de vista já foi alvo de muitas discussões e se eu pudesse resumir minha opinião, diria que colocar Cristo como um estado é um movimento, então, que nos aproxima do divino. Isso ocorre, pois, assim, o Cristo pode ser alcançado por qualquer pessoa.

Isso é importante, afinal, sentimos que podemos chegar a algum lugar significativo. Quanto mais poderoso são Deus e seus intermediários, mais óbvias se tornam nossas próprias limitações. Se considerarmos que Deus é um conceito abstrato e que o divino é um mistério complicado, poucos serão capazes de decifrá-lo. Daí nasce uma classe de pessoas especializadas - chamadas sacerdotes. Eles (supostamente) sabem como melhor se aproximar de Deus e podem nos dizer exatamente como fazer isso. Em vez de nos tornarem mais familiares com o divino e com o invisível, os sacerdotes nos tornam é mais estranhos a tudo isso.

Agora, vamos pensar sobre as sociedades originárias onde o divino e Deus (ou os Deuses e seus intermediários) não estavam tão distantes. Na verdade, eles estavam vivendo em uma dimensão ou em uma época (a chamada Idade de Ouro, por exemplo) que seria a própria origem de tudo e que se misturaria com o nosso mundo. A realidade como nós a conhecemos, então, teria sido manifestada pela vontade dos Ancestrais e pelos costumes e leis que eles transmitiram. Cada ato nessa dimensão ou época teria sido um ato de e para o divino – e quase todos os atos neste nosso plano, como repetição dos atos dos ancestrais, seria divino também.

Claro que havia sacerdotes; em alguns casos, eles teriam sido chamados de xamãs. Esses sacerdotes teriam um papel definido e seriam capazes de fazer coisas que nenhuma outra pessoa poderia fazer. O que eles não fariam, entretanto, seria regular a sabedoria invisível ou a experiência divina e nem a interação com os Deuses e os Espíritos - os costumes fariam isso e todos tinham que seguir as mesmas leis e convenções. Assim, em relação a essa presença divina, todos seriam iguais, ainda que diferentes pessoas tivessem papéis distintos a desempenhar na sociedade.

Eu acredito que está claro o porquê de uma nova perspectiva sobre o Cristo ser necessária. Se nos mantivermos acreditando que Cristo é único, estaremos basicamente dizendo que estamos condenados a viver uma vida que nos impede de atingirmos nossos potenciais humanos e divinos/mágicos/sagrados. Quando assumimos que Cristo é um estágio a ser alcançado ou mesmo que Cristo é um meio, então temos algo que podemos usar a fim de aumentar nossa consciência e percepção mágicas. Em outras palavras, Cristo pode ser uma ferramenta para ajudar uma pessoa a se tornar seu próprio Papa - ou para ser mais claro: assumir o controle de seu relacionamento com o invisível e despertar seus maiores potenciais.

SR. MEIO-DIA

No Sistema do Voudon Gnóstico, temos uma figura que pode ajudá-lo a se tornar seu próprio sumo sacerdote: Legbah, ou o Mestre do Meio-dia - o Cristo do Voudon Gnóstico. Legbah é reconhecido como o Cristo por razões legítimas. Afinal, ele é o mediador entre os homens e o invisível. Ele também é um estágio que pode ser alcançado - mesmo que inicialmente apenas por um breve momento. Legbah é a união, ele é o filho do Sol e da Lua, e carrega em si ambas as polaridades simultaneamente. Portanto, ninguém pode alcançar o divino sem o intermédio de Legbah, e sendo Legbah-Cristo, somente ele pode atuar como um condutor do visível para o invisível e vice-versa.

União é amor e a união mágica do visível com o invisível é o papel fundamental de Legbah. Assim, Legbah é amor, sexo, sublimação e condensação, tudo isso ao mesmo tempo. Diz-se que ele está no *midi,* ou no centro da existência. Legbah é a encruzilhada - o ponto em que tudo se encontra, se mistura e assume novas cores e formas. Por causa disso, muitas vezes ele é confundido com a figura do *trickster,* ou trapaceiro - que regras poderiam prendê-lo, afinal?

Legbah pode se tornar tudo ao mesmo tempo e existe entre o presente, o passado e o futuro. Ele se apresenta em muitos disfarces. Em alguns ele é severo, em outros ele é alegre e pode até ser violento e realmente assustador. Legbah não é nenhum Cristo da Missa de domingo, ele é o "Cristo do Voudon". Legbah não apenas torna possível nossa fusão com o divino; ele está disposto a nos ajudar se soubermos como pedir da maneira certa.

Pelo exemplo de Legbah-Luage nós poderemos seguir esse fio de discussão. Luage, em poucas palavras, era um sacerdote que alcançou a união com Legbah. Olhando para esse caso, nós aprendemos que a união do homem com o divino é um ato de magia sexual. Como disse Empédocles, vemos aqui o tema do amor contra a contenda, também. O amor é um ato de união que edifica, enquanto a contenda é o conflito que separa. Na magia sexual, fazemos uso desses dois conceitos, que, na verdade, estão dentro da ideia de polaridades. Afinal, não há união possível sem que exista o conceito de separação. Assim, para quebrar a contenda que nos separa do invisível e do divino, precisamos do amor e o ato de amor é a união.

Também é interessante trazer o gnosticismo valentiniano para a discussão, pois este é um caso em que o conceito de Syzygy se encaixa. Vamos relembrar que o Syzygy é o par que trata da união das partes que fazem o todo. Essas partes são necessariamente – e simbolicamente - positivas e negativas. Aqui, vemos que a união do visível e do invisível é um exemplo de Syzygy, pois o invisível, os espíritos, os *Les Vudus*, sempre serão positivos em relação aos humanos, negativos, receptivos a estes.

O gnosticismo valentiniano também nos diz que essa união é o que traz a gnose. Assim, Legbah não é apenas aquele que abre os caminhos em sentido literal, mas também aquele que abre olhos para o mundo verdadeiro. É por isso que Legbah-Cristo é fundamental para o sistema do Voudon Gnóstico. Ora, se Jesus Cristo disse que só por meio dele se pode chegar ao Pai, vemos aqui que só por meio de Legbah e da união se pode atingir a gnose.

Essa união pode se apresentar de inúmeras maneiras. Por exemplo, quando no Vodu haitiano o *Lwa* Papa Legba é solicitado para que abra os portões que separam o mundo físico do mundo espiritual, sabemos que ele está unindo o visível e o invisível e permitindo que as coisas se fundam e os espíritos passem. De maneira semelhante, o Legbah do Voudon Gnóstico é também um abridor de caminhos, porque ele pode atuar como uma ponte entre a intenção do Voudonista Gnóstico e o invisível e, como tal, pode ser visto como o próprio ato mágico. Em outras palavras, todo ato de magia seria um ato de união e, nisso, vemos por que Legbah é um grande mágico e porque a magia sexual é a base da manifestação.

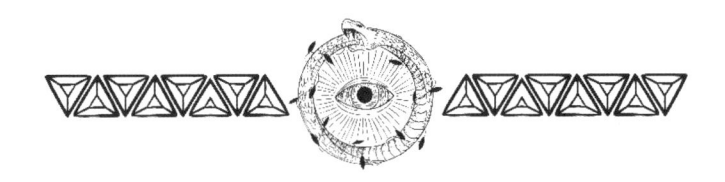

As Sessões Mágico-Espirituais
de Hyde Park

Neste capítulo, pretendo discutir e apresentar aos leitores o método talvez mais utilizado por Bertiaux para contato com o mundo invisível, dos espíritos e de *Les Vudu*. Como verão, trata-se de um método particularmente simples e, justamente por isso, extremamente interessante. Em meio a essa simplicidade, entretanto, escodem-se camadas, um histórico poderoso de influências e, principalmente, uma riqueza ímpar. O que Bertiaux faz é orgânico e extremamente fluido. De acordo com ele mesmo, em entrevista a Van De Voorde no site da editora Fulgur, este é um método inspirado no trabalho espiritual dos haitianos. Evidentemente, isto não quer dizer que não tenham existido outras influências. Vamos começar essa apresentação com um pequeno passeio pelo mundo moderno das sessões espíritas[33], para depois relembrarmos como é o Vodu haitiano e seguirmos, então, para o método de Bertiaux propriamente dito.

É evidente que a comunicação entre seres humanos e entidades sem corpo – sejam elas de qualquer natureza – é coisa

---

[33] Baseio-me no livro Calling the Spirits (Lisa Morton, 2020) sobre as sessões.

antiga. Desde os tempos anteriores à escrita, as pessoas travavam contatos com seres além da materialidade por meio de rituais, enteógenos ou de uma mediunidade orgânica. Provando tudo isso, temos desenhos em pedra e relatos de xamãs e de pajés e também de sacerdotes de religiões de povos extintos, cujo ofício principal era ser um *mediador* entre o que era ordinário e o extraordinário. Evidente que ao longo do tempo e do espaço, esse contato foi realizado de maneiras muito distintas e particulares. Seria um empreendimento bastante ousado tentar discutir tudo o que já foi revelado sobre o assunto. Portanto, para os fins da nossa discussão, é suficiente que nos foquemos mais especificamente em manifestações mais recentes dessa corrente, principalmente a partir do espiritualismo[34] que surge no século XIX, que embora estivesse preocupado basicamente com o contato entre os vivos e os mortos apenas, é de nosso interesse pelo fato de sua proximidade com os tempos contemporâneos.

Para que entendamos um pouco desse movimento espiritualista que surge com força no século XIX e perde vigor logo no início do século XX, precisamos começar pelas irmãs Leah, Margaretta e Catherine Fox, nos Estados Unidos, em 1848, com a sua comunicação por batidas. Em outras palavras, as irmãs alegavam contato com espíritos por meio do som de batidas produzidos pelos mortos. O "fenômeno Irmãs Fox" tomou o mundo de assalto com a materialidade assombrosa do mundo espiritual. Seus contatos e visões acabaram culminando na "Telegrafia Espiritual", um método pelo qual era possível fazer o espírito redigir frases por meio de batidas.

---

[34] Em língua inglesa, ainda se usa a palavra *espiritualismo*, embora Allan Kardec tenha apontado a sua inadequação, pois toda e qualquer religião que professa a existência da continuidade da consciência após a morte do corpo físico é espiritualista, sendo justamente por essa razão que ele cunhou a palavra *espiritismo*.

Em 1852, o método de "Telegrafia Espiritual" já havia chegado à Inglaterra, pelas mãos da médium Maria B. Hayden, que também levaria ao velho mundo a inovação da publicação de uma revista sobre o mundo espiritual, assim como já havia ocorrido nos Estados Unidos. É por essa época que surge, também na Inglaterra, Emma Frances Jay, uma médium que quebra com o *modus operandi* que até então era o de instigar os espíritos a entrarem em contato por meio de fenômenos físicos. Seu rompimento com o que vinha sendo feito até então se dá pelo fato de que ela era uma médium que entrava em transe e, por esse meio, conseguia contato com os espíritos. Obviamente, o fenômeno do transe para entrar em contato com o mundo espiritual é muito mais antigo do que isso, como sabemos pelos povos originários e pelo mundo antigo, mas é Jay quem vai reviver o assunto nos tempos modernos, jogando lenha na fogueira dos contatos entre pessoas e entidades desencarnadas ou astrais.

Mais tarde, novamente nos Estados Unidos, os irmãos Davenport (Ira e William) aparecem e começam com o "Gabinete Espiritual" (aproximadamente em 1854), um show digno de um mágico de palco, que impressionava os espectadores com acontecimentos fantásticos como a aparição de "mãos espirituais". Os irmãos ficavam supostamente amarrados e restritos durante toda as aparições, o que "garantiria" a veracidade dos fenômenos. Porém, não demorou muito para que fosse revelado que se tratava de um belo truque. Não poderíamos deixar de discutir, também, a famosa levitação de D. D. Home (Daniel Dunglas Home, 1833-1886), outro "médium" que era perito em espetáculos. De fato, um homem levitando pela ação dos espíritos deve ter sido um show talvez ainda mais impressionante que o espetáculo dos Davenport.

As "mesas girantes", encontro de pessoas reunidas por um médium para contato com os espíritos, tornaram-se um verdadeiro passatempo na Inglaterra Vitoriana. Aliás, a era Vitoriana rendeu muitos passatempos curiosos, impulsionados por uma classe talvez com dinheiro demais, tempo demais e pouco o que fazer, de fato. Além das festas nas quais as atrações eram os espíritos de falecidos e os médiuns espetaculosos, a Inglaterra Vitoriana também adorava, por exemplo, desenrolar múmias do antigo Egito. É verdade que muitas dessas reuniões de "mesas girantes", a exemplo dos espetáculos dos Irmãos Davenport, eram o produto de uma mente criativa e disposta a explorar a credulidade alheia para auferir alguma vantagem, geralmente financeira. Em outras palavras, muitos desses ditos médiuns eram charlatões. Porém, ao mesmo tempo que é preciso reconhecer a presença desses enganadores, também seria imprudente descartar que alguns dos médiuns que surgiram fossem, de fato, reais, como parece ter sido o caso de Florence Cook (1856-1904) e de outros, inclusive de uma multidão de anônimos. Afinal, é evidente que, neste livro, eu me filio à tese de que os contatos espirituais não são somente possíveis, como verdadeiros.

Neste contexto, seria absurdo não discutirmos uma figura extremamente importante no mundo do espiritismo como Allan Kardec (1804-1869), o pseudônimo usado pelo professor francês Hippolyte Léon Denizard Rivail, conhecido como o codificador do Espiritismo. Kardec surgiu como essa figura com a publicação de "O Livro dos Espíritos" em 1857, livro que escreveu depois de ser atingido ele mesmo pela onda "espírita" que se espalhava pela Europa e conhecer, em 1855, Madame de Plainemaison e de ser apontado pelo espírito Zéfiro como o arauto dos mortos. Kardec começou a estudar incessantemente o fenômeno espiritual e, valendo-se de sua educação privilegiada, inspirou-se nos conceitos do magnetismo de Mesmer para formular explicações acerca do que presenciava. Além disso, Kardec conduzia entrevistas com os espíritos, extraindo deles as respostas para as perguntas que considerava mais fundamentais dentro de seu campo de pesquisa. O método de Kardec, de entrevistar diversos espíritos, fazendo-lhes as mesmas perguntas e comparando as respostas, de uma rigidez quase científica, parece ter sido uma grande inspiração para Bertiaux e seus companheiros. Veremos que embora estes últimos não estivessem preocupados em determinar a veracidade do fenômeno do contato entre humanos e entidades sem corpo, pois já partiam do pressuposto de que isso era real, certamente se basearam na preocupação "investigativa" de Kardec.

Outra personagem importante é Helena Petrovna Blavatsky (1831-1891) e ela é particularmente interessante para nós, visto que, certamente, Michael Bertiaux foi fortemente influenciado pela Teosofia e pela figura de Blavatsky. Antes da Teosofia e da sua guinada orientalista, Blavatsky rodou os Estados Unidos como uma médium. Sua carreira de médium – e também na Sociedade Teosófica, verdade seja dita – foi cercada de polêmicas e de acusações de charlatanismo.[35] Seja como for, é impossível não admitir que Blavatsky tenha sido uma figura interessante dentro de todo esse movimento, apesar de ter renegado seu passado espírita quando ainda viva.

---

[35] Mais de um século depois dos ataques sofridos por Blavatsky, o especialista em falsificações Vernon Harrison elaborou um estudo acurado e definitivo sobre as acusações de fraude que sobre ela recaíram, concluindo pela sua inocência (*H.P. Blavatsky and the Spr: An Examination of the Hodgson Report of 1885*, Theosophical Univiversity, 1997/ *H.P. Blavatsky e a Sociedade para Pesquisas Psíquicas*, Editora Teosófica, 2016)

Todas essas figuras influenciaram o ocidente com sua visão e maneira de entender e de se conectar com o mundo espiritual. Como já apontei, apesar de algumas - como as irmãs Fox, os irmãos Davenport, Blavatsky e outros - estarem envolvidas em acusações e confissões de charlatanismo, sua influência não parece ter sido minada a ponto de ser desprezível, muito pelo contrário. Porém, este não é o único eixo pelo qual precisamos olhar para entendermos o método de Bertiaux. Para tal, precisamos retornar à discussão sobre o Vodu haitiano que foi – até o momento –, apenas introdutória. Embora não esteja no escopo deste livro apresentar uma explicação mais encorpada acerca do Vodu[36], cumpre discutir alguns detalhes com um pouco mais de cuidado agora.

O Vodu haitiano surge de um processo complexo, que envolve a diáspora forçada de centenas de milhares de africanos de diversas etnias, escravizados e levados à colônia de São Domingos. Nesse ambiente, no qual eram explorados ferozmente por sua força de trabalho, esses escravizados foram submetidos ao contato com o catolicismo francês[37] e com o misticismo francês embebido na maçonaria. Desse caldeirão com ingredientes tão diversos, ao longo do tempo e do espaço na colônia foram surgindo maneiras distintas de se interagir com o mundo invisível. Essa é a gênese do que hoje conhecemos como Vodu haitiano.

Entender o Vodu haitiano como uma mera religião, no sentido ocidental, é um erro. Não existe uma separação clara entre o modo de vida cotidiano e o mundo espiritual dentro da visão do

---

[36] Para um estudo detalhado do Vodu haitiano, recomendamos "Vodu, Voodoo e Hoodoo", de Diamantino Trindade e Sébastien de la Croix

[37] Embora os congoleses já tivessem contato com o cristianismo desde a África.

Vodu, o que acarreta nesta mistura dentro da própria sociedade haitiana. Assim, por mais que muitos haitianos, hoje, não sejam adeptos do Vodu, a cosmovisão da interação constante entre visível e invisível é algo constitutivo à maior parte dessas pessoas. Talvez seja dessa noção de proximidade de trocas constantes entre o que é matéria e o que é espírito que tenham surgidos tecnologias de contato entre pessoas e entidades que não requerem tantas parafernálias e códigos. Com isso, não pretendo classificar o Vodu como "mais simples" do que uma religião ocidental, por exemplo. Não acredito nessa classificação vertical. O que pretendo esclarecer é que existe uma troca mais fluida e natural entre os espíritos e as pessoas e se, por um lado, isto pode se refletir em alguns ritos mais orgânicos, por outro, enriquece enormemente a interação uma vez que os contatos sejam estabelecidos.

Não encontramos, no Vodu, por exemplo, catedrais, vestuário de tecidos caros, ferramentas banhadas à ouro. As ferramentas do Vodu são naturais, dadas pela terra com generosidade e são simples. O segredo, afinal, não está nesses implementos, mas em como se conduz a conversa entre o lado de cá e o outro lado do espelho. Evidentemente, para uma conversa adequada e frutífera, é preciso que ambos os lados se entendam. Por isso, a vida dos adeptos do Vodu se vê cercada por essas interações, de maneira que se passe a dividir a existência com o invisível, possibilitando essa afinidade.

Essa naturalidade também convida os praticantes do Vodu a experimentarem a espiritualidade de uma maneira menos regrada por generalizações e códigos restritos. Assim, a criatividade e a espontaneidade encontram espaço para surgirem e se desenvolverem. Com isso, novas maneiras de se fazer Vodu – de se interagir com o invisível – surgem o tempo todo. O que decidirá sua validade é a autenticidade da conexão com os espíritos. Pelo forte senso comunitário do Vodu, é evidente que certos costumes e entendimentos são mantidos para que exista uma identidade. Entretanto, na interação individual entre um praticante e o espírito, o espaço para inovações é maior.

Por isso, quando Bertiaux conversa com Van De Voorde, ele relata a sua fascinação pela maneira como os haitianos usam a arte para conversar com o invisível. Se entendermos o Vodu, entenderemos de onde vem essa paixão despertada em Bertiaux. Sendo ele mesmo um artista – e todos podemos ser -, Bertiaux vê naquelas pessoas uma verdade que ele também reconhece em si e, então, se permite começar a explorar isso.

Para continuarmos nossa discussão, preciso citar aquela que é considerada a obra máxima de Bertiaux. Sei que ao longo deste livro, discutimos com frequência maior o VGW, mas agora peço que nos direcionemos para *Ontological Graffiti*. Nesse livro enorme, cheio de surpresas e de pinturas mesmerizantes, Bertiaux nos fornece de maneira clara e acessível as chaves para seu método de contato com *Les Vudu*, e se eu pudesse chamar tal método por algum nome, eu diria que se trata de uma "Sessão Espírita Voudon-Gnóstica". Fica claro, agora, por qual razão foi preciso, antes, discutir todo o movimento espiritualista do século XIX, pois, de certa maneira, Bertiaux reviveu aqueles tempos ao promover verdadeiras sessões espíritas mágicas. Porém, como não poderia deixar de ser, as sessões espíritas de Bertiaux e de seu grupo não eram exatamente idênticas àquelas dos espíritas. De fato, se os antigos espíritas estavam objetivando falar com os espíritos de falecidos, Bertiaux e seus companheiros objetivavam o contato com toda a gama de entidades espirituais. Sigamos e veremos como precisamente eram essas sessões voudonistas.

Antes, porém, é preciso fazer uma distinção com cuidado. O uso da palavra médium dentro do contexto das sessões espíritas de Bertiaux e de seu grupo ganha novos contornos. Enquanto, de maneira popular, ao falarmos de mediunidade, pensamos em determinados indivíduos que possuem faculdades especiais, aqui estamos discutindo algo ligeiramente distinto. O médium dentro do Voudon Gnóstico é um mago, um místico, alguém que desenvolve por meio de exercícios e de técnicas a capacidade de ser uma ponte entre o mundo físico e outros mundos. Por isso, caso o leitor não tenha nenhuma *mediunidade*, no sentido mais tradicional, não deve se sentir desencorajado a seguir adiante nas práticas do Voudon Gnóstico. Precisamos, é claro, reconhecer que algumas pessoas apresentam um talento natural e maior facilidade para este tipo de conexão, enquanto outras terão maior dificuldade. Existem técnicas, neste caso, para permitir que uma pessoa consiga melhorar suas habilidades nesses campos. Portanto, as portas do contato espiritual dentro do Voudon Gnóstico não estão fechadas para ninguém. Repito e destaco: estamos falando da mediunidade no contexto do Voudon Gnóstico. No campo do espiritualismo e do espiritismo, a discussão é outra e a conclusão também é diferente.

Bem, logo no prefácio de *Ontological Graffiti*, Bertiaux nos diz que *"como místicos, nós sabemos, como fato de nosso eu próprio interior, que o Círculo de Ciência do Espiritismo existe (...)"*[38]. Com essa

---

[38] "As mystics, we know for a fact of our inner selfhood that the Science Circle of Spiritism exists (...)".

declaração, Bertiaux já se apresenta ao leitor como um herdeiro vivo do movimento capitaneado por Florence Cook, Allan Kardec e tantos outros. Depois dessa declaração de Bertiaux, não pode haver dúvidas de que seu trabalho é baseado nas lições e fenômenos produzidos pelos espíritos. Para nós, isso é muito interessante, pois abre a seguinte possibilidade: apesar do Voudon Gnóstico ser um sistema mágico, ele é um sistema mágico baseado na interação com entidades espirituais – talvez uma magia espiritualista - e, como tal, não precisamos construir nossas bases em sistemas de magia cerimonial ocidentais. De fato, sem essa conexão com os espíritos, estaremos distantes daquilo que o Voudon Gnóstico se propõe a nos oferecer. Por isso, não devemos apenas nos libertar da necessidade de seguir a corrente mais popular do ocultismo, mas também precisamos nos dedicar a cultivar a veia espiritualista dentro da nossa prática mágica.

Como Nicholaj de Mattos Frisvold já nos lembrou em sua introdução a este livro, Bertiaux também é um herdeiro de Jules Doinel (1842-1902), a quem atribui parte de seus métodos espíritas baseados na Igreja Gnóstica Espírita. Doinel foi quem trouxe a Igreja Gnóstica Cristã de volta à vida, em 1890, na França, após experiências espirituais. Ele foi visitado por Jesus e por bispos bogomilos e feito bispo por eles em suas visitações. Após receber o episcopado e a missão de "restaurar o gnosticismo", Doinel fundou a Igreja Gnóstica e passou a sua linhagem para diversas figuras importantes, como Papus.

Com isso, percebemos que Doinel é um exemplo perfeito de como a interação entre as pessoas e os espíritos é um motor poderoso e como este contato é o que legitima um trabalho espiritual de conexão autêntica. Nesse sentido, Bertiaux, ao resgatar a memória de Doinel, não o faz sem razão, mas para estabelecer claramente que sua preocupação está nesses contatos legítimos e verdadeiros. Essa é uma das muitas pistas que Bertiaux deixa ao longo do seu livro sobre como realmente se estrutura o sistema que ele organizou e que vive.

As sessões espíritas, chamadas Séances, conduzidas por Bertiaux e pelos seus companheiros da Loja de *Hyde Park* de Chicago, entre 1965-1975, são a base do que está revelado no *Ontological Graffiti* e nos demonstram como é esse método para contato com o mundo espiritual. A descrição encontrada no livro é suficiente para que compreendamos tal método, mas, ainda assim, guarda detalhes dos olhos do público, sugerindo aqui e ali componentes que foram experimentados durante o trabalho da Loja. Tais sessões, geralmente, envolviam o contato com uma entidade sobrenatural por meio de uma conexão através do templo esotérico – ou seja, através do contato astral – ou por meio da meditação em alguma das pinturas retratando estas entidades, por intermédio de um médium, que aqui pode ser entendido de fato como um *meio* de contato. Em alguns casos, era o contato por meio do templo astral que impulsionava Bertiaux a fazer uma pintura, que se tornava, então, um portal de comunicação e um espaço de meditação para uma conexão com o espírito.

Apesar de construções e acessos a espaços astrais e de contatos com espíritos não serem desprovidos de base técnica, as sessões de Bertiaux nem de perto se pareciam com as cerimônias delineadas pela Ordem Hermética da Aurora Dourada, por Crowley, Gardner e por qualquer outro ocultista expoente da Tradição Esotérica Ocidental[39]. Enquanto as cerimônias mágicas mais tradicionais são marcadas por uma superestrutura composta por

---

[39] Aqui, preciso destacar que isso não exclui a existência de influência desses no sistema ora estudado e que elementos dessas escolas possam ser utilizados.

microestruturas repletas de encadeamentos precisos e de certa rigidez performática, uma maneira de se girarem as chaves necessárias e de se acumular a energia prevista, as sessões espíritas de Bertiaux eram (e são ainda) mais fluidas. Além disso, as sessões se beneficiavam particularmente de um conjunto de pessoas, que por meio da interação de energias pessoais e sexuais, podiam gerar mais potência para a sessão e garantir uma interação mais proveitosa com os espíritos. Entretanto, nada impede que um contato espiritual como o de uma sessão ocorra com um praticante solitário. De toda a sorte, uma vez estabelecido o contato com a entidade, os participantes começavam a questioná-la e a obter respostas, que eram então registradas. Em resumo, assim é o esqueleto básico de como as sessões espíritas tocadas pela Loja de *Hyde Park* eram feitas.

Notem que, no parágrafo anterior, estão destacados alguns dos ensinamentos que Bertiaux apenas pincela no *Ontological Graffiti*. Por exemplo, a noção de que as sessões espíritas eram mais proveitosas quando tocadas por um grupo que se dedicava ao intercâmbio de determinadas energias. Que um grupo de pessoas envolvidas no trabalho oculto é capaz de gerar forças mais poderosas do que apenas um indivíduo não é uma novidade na prática mágica. O conceito de egrégora é, sem dúvidas, o mais popular nesse sentido, já que envolve, de maneira geral, o somatório das forças de um grupo, gerando uma espécie de forma-pensamento que nasce dessa união. No caso das sessões da Loja *Hyde Park*, é provável que a congregação das forças dos presentes construísse uma ponte e um ambiente mais palpável para a manifestação da entidade.

Não apenas isso, mas a própria maneira como a construção dessas forças somadas se dava é de nota. Bertiaux aponta a troca de energias pessoais e sexuais. Assim, temos um direcionamento, mas não temos os detalhes exatos de como isso poderia funcionar. Se nos lembrarmos do capítulo de Magia Sexual deste livro, podemos entender que essa seria uma ferramenta poderosa, inclusive com o uso dos *points-chauds*. Outra maneira possível seria a doação das energias individuais ao médium para que ele pudesse canalizar o espírito. Como os membros da Loja *Hyde Park* eram bastante curiosos e inovadores, estou certo de que as explorações nesse sentido foram muitas e duvido que eu conseguiria esgotá-las neste texto.

Porém, podemos seguir explorando a metodologia destas sessões. Apesar das respostas dadas pelo espírito, durante as sessões, guardarem conhecimentos importantes, sem dúvida, foi por meio de suas pinturas que Bertiaux conseguiu estabelecer uma maneira própria de representar as experiências mágico-espirituais e também as dimensões ocultas das entidades. A prova cabal disso está no próprio uso das pinturas como pontos de meditação e de contato com o mundo invisível. Obviamente, estamos falando de como certas imagens guardam conexões com *Les Vudu* e de como isso se liga a pontos específicos em nós mesmos e dispara processos ou interações que conseguem levar nossa mente e nosso próprio espírito a um encontro com o invisível.

Como Bertiaux nos diz no *Ontological Graffiti*, Hector Jean-Maine acreditava que sinais e signos rituais ativavam a psique, permitindo a passagem entre as suas camadas. Em última análise, o que isso permitirá será uma viagem pela realidade do médium e um legítimo contato com diversos tipos de espíritos que estão entremeados nessas camadas de realidade, muitas vezes ocultas ou inacessíveis por outros métodos. Isso também foi traduzido pelo grupo de *Hyde Park* como um método de sessão espírita no qual eles eram instigados a fazerem associações com imagens para abrirem caminho para os espíritos se manifestarem.

Na verdade, ao longo das descrições de Bertiaux em *Ontological Graffiti*, fica fácil notar que houve muita busca por inovações nos métodos das sessões. Por exemplo, em determinada passagem, ele revela o uso de espelhos mágicos como receptores de mensagens espirituais. Só podemos imaginar quais outros recursos foram utilizados, mas sei por meio de relatos pessoais de Frater Selwanga que Bertiaux até hoje utiliza uma bola de cristal em muitos de seus trabalhos. De fato, essa natureza aberta e fluida das sessões do grupo de *Hyde Park* se encontra inteiramente espelhada na natureza do trabalho iniciático da OTOA e da LCN. Afinal, eles eram um grupo de magos reunidos e trabalhando como se estivessem em um grande laboratório. Estamos diante, sem dúvida, de um método de comunicação mágico-espiritual pautado pela construção de elos e de passagens. Se nos voltarmos novamente ao estudo do VGW com estes olhos, notaremos que grande parte do que é sugerido e descrito lá ou está dentro deste campo ou está construindo bases para que trabalhemos essas conexões. Por isso, vemos como o ritual inicial do Hoodoo Sortudo, de ligação aos espíritos do Hoo e do Doo, faz todo o sentido dentro dessa lógica. Esses, afinal, são espíritos que nos ajudarão enormemente na edificação desses elos.

Porém, mais do que apenas entendermos o método de Bertiaux e da Loja de *Hyde Park* de maneira racional como uma mera técnica, precisamos também nos valer da nossa discussão sobre o Vodu haitiano e nos rememorarmos de que esse trânsito fluido e constante com o invisível acaba se tornando uma maneira de se viver a vida. A construção de uma vida e de uma realidade mágica e encantada acaba sendo o ponto último de qualquer discussão dentro do grande tema Voudon Gnóstico, mas talvez seja aqui que possamos entender com maior clareza como isso só pode ser realizado pela vivência com o invisível.

Em uma das técnicas descritas no VGW, Bertiaux nos ensina uma maneira de entramos em contato com Jean-Maine, o Papa do Voudon. À luz de tudo que discutimos aqui, parece que Bertiaux, muito generosamente, entrega uma chave importante logo de cara, para quem tiver olhos para vê-la. Mimetizando a experiência de Doinel, essa técnica ensinada por Bertiaux permite que nos liguemos a um Papa, um Bispo e junto dele temos a presença de Legbah, o Cristo do Voudon. Pela canalização de Jean-Maine, Bertiaux e de Legbah, somos nós mesmos naquele momento banhados por um influxo espiritual que nos legitima a continuar nosso trabalho. Dessa experiência, talvez nem notemos, mais surgimos transformados e já bem mais preparados para o trabalho que virá adiante.

Talvez toda essa discussão seja muito diferente de tudo que encontramos normalmente por aí, nos livros sobre magia que estão inseridos dentro da Tradição Esotérica Ocidental. É possível que muitos leitores tenham se sentido estranhamente atraídos por essa perspectiva enquanto outros estejam rejeitando-a neste exato momento. Eu sei que essa forte herança espiritualista do Voudon Gnóstico é polêmica, de certa maneira. Menos do que o elemento "Voudon", com certeza, mas, ainda assim, polêmico o suficiente dentro de um campo dominado por uma visão racionalista e tecnicista do Hermetismo. Aqui, onde os espíritos encontram o nosso espírito, nasce – como que disparado pela explosão de uma estrela – todo um novo sistema, fertilizado pela criatividade, pela experiência e pela espontaneidade. Sentir o contato espiritual fará nos reconhecermos também como espíritos e poderemos, assim, entender o nosso reflexo no espelho de maneira mais orgânica.

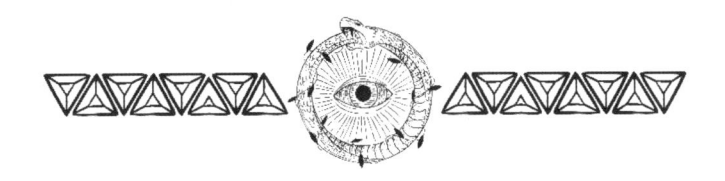

A CABALA VOUDONISTA:
O PORTAL GNÓSTICO DE BARÃO LUNDI

Este trabalho não estaria completo sem uma discussão sobre cabala. Parece mesmo inevitável falarmos sobre ela quando discutimos qualquer movimento ou sistema dentro da tradição esotérica ocidental. De fato, de Marsilio Ficino (1433-1499) e Pico Della Mirandola (1463-1494) para cá, a cabala foi se entremeando ao esoterismo ocidental de maneira espantosa. Porém, vocês que já chegaram até aqui e já percorreram os capítulos anteriores, certamente esperam que a cabala do Voudon Gnóstico reserve algumas surpresas. Bem, fiquem tranquilos. Vocês não se decepcionarão. Isso não significa, evidentemente, que a cabala mística mais usual não tenha seu espaço ou sua importância. Apenas lidamos com essas noções todas de uma forma muito própria dentro do Voudon Gnóstico.

Por isso mesmo, não discutiremos aqui as coisas básicas, como estrutura da Árvore da Vida, dos mundos e tudo aquilo que vocês encontrarão em qualquer texto sobre o assunto. Nosso salto será direto em questões mais específicas. Este capítulo seguirá pressupondo que os leitores estão minimamente familiarizados com a cabala mística ou hermética ou mágica. Caso vocês precisem de uma introdução ao assunto, recomendo os seguintes livros: "Cabala Mística" de Dion Fortune, *The Chicken Qabalah* de Lon Milo Duquette e "O Tarô Cabalístico" de Robert Wang[40].

A nossa discussão aqui se centrará na figura de Choronzon. O monstruoso Choronzon, descrito por Edward Kelley como um demônio de muito poder, é associado, no Voudon Gnóstico, ao Barão Lundi. Ele é considerado o mestre dos segredos meonitas e um dos *Les Vudus* pivotais na jornada do Voudonista Gnóstico. De seu trono em Daath, o Barão Lundi governa a passagem do universo do "ser" para o universo do "não-ser". O universo do "não-ser", do grande nada e do grande além, está na parte traseira da Árvore da Vida. Ou melhor, podemos acessá-lo especialmente nos movendo para a parte de trás da Árvore da Vida. Somente por meio de certas operações mágicas e de certos segredos é que o Voudonista Gnóstico pode abrir os portões de Daath e atravessar para este universo além do cosmos, além da criação e além de tudo que pode ser nomeado e pensado.

O universo do "não-ser", o Universo-B ou ainda o Meon, é uma grande fonte de poder mágico, conforme já mencionei brevemente em um capítulo anterior. Por isso, muitos magos e seres buscam incessantemente as chaves para os portões de Daath, na tentativa de acessarem a parte traseira da Árvore da Vida[41]. Eles tentam decifrar o mistério do Barão Lundi e receber seus segredos, mas este não é um feito para muitos.

Se receber as chaves para atravessar o portão de Daath já não é uma tarefa fácil, imaginem o que vem a seguir. Sabemos que a

---

[40] Eu recomendaria especialmente começarem pelo livro de Duquette ou de Wang. Só depois disso, então, partirem para o de Dion Fortune.

[41] Kenneth Grant comenta amplamente sobre esse ponto em *Cults of Shadow* nos capítulos relativos ao sistema do Voudon Gnóstico.

jornada pela Árvore da Vida, de Malkuth a Kether, fazendo o caminho ascendente, é desafiadora. Então, o que poderíamos comentar acerca da ideia de descer pelo pilar do meio até Malkuth reversa? Viajar pelos domínios das qliphoths não é nada simples com certeza. Há páginas e páginas escritas sobre isso, então eu não preciso comentar o assunto longamente. Fato é que o mago precisa saber como percorrer esses caminhos ou então nem deve tentar se aventurar. Um dos pré-requisitos para que se tenha alguma chance de sucesso é o domínio das técnicas de licantropia. Ainda assim, os perigos são muitos e é fácil se perder. O destino daqueles que falham nestas jornadas é, obviamente, terrível.

Passar por Daath e cair do outro lado, conquistar os caminhos da qliphoths e retornar, é um renascer no sentido mais estrito. A passagem para o nada inefável é como um retorno ao período da própria preexistência. A chegada de volta ao Universo-A, o universo do "ser", é também um "ser parido" novamente. O que nos leva à pergunta: o que acontece exatamente com esses recémnascidos do Meon, apadrinhados de Choronzon?

Considerando que o abismo, onde Daath está localizada, era compreendido por Crowley e pela Ordem Hermética da Aurora Dourada como a manifestação da Queda do Homem, podemos, então, começar a supor o que acontece nessa viagem cabalista voudonista. Pela visão cabalista mais usual, Choronzon ou o nosso Barão Lundi seria um mantenedor do homem no seu estado de "Queda", de desgraça. Seu papel principal seria o de perpetuar a separação do homem do seu estado divino.

Na cabala voudonista, porém, nós estamos interessados em mergulhar a fundo em Daath e em passar pelos ritos iniciáticos misteriosos do Barão Lundi em seu templo meonita em Urano. Daath não é uma mera adversária a ser conquistada, é uma guardiã de tesouros que apenas os Voudonistas Gnósticos conhecem. Nesse sentido, o abismo, que nunca é irrelevante ou nem mesmo não transformador nos sistemas prévios, ganha aqui novos contornos e passa a ser explorado sob uma nova perspectiva. Isso até pode parecer uma nota de rodapé dentro de todas as explorações cabalísticas possíveis, mas eu garanto que não é.

A Árvore da Vida é o símbolo cabalístico mais famoso. Eu sei que desdenhei ligeiramente dela no capítulo sobre o Hoodoo Sortudo, alegando que haveria mapas melhores, mas isso não quer dizer que ela não tenha valor. A Árvore nos permite explorações interessantes e complexas. Como uma representação cartográfica da consciência e do universo, a Árvore da Vida nos permite entender como navegar por esses territórios de maneira bem eficaz. Por isso, não podemos desprezar a significância de nenhum uso dela.

No caso da exploração profunda de Daath e da parte traseira da Árvore, estamos mergulhando profundamente na Queda do Homem. Muitos leitores podem estar torcendo o nariz agora, pois estamos caminhando em conceitos cristãos, mas devo lembrá-los de que ignorar a forte influência do cristianismo sobre a magia ocidental é um equívoco. Portanto, eu aconselho fortemente que qualquer um que continue a se surpreender com os elementos cristãos que insistem em aparecer na magia ocidental se acostume com isso. Continuando, precisamos nos perguntar se há alguma interpretação para a Queda que justifique isso.

Recorramos aos movimentos gnósticos por meio dos escritos acadêmicos de J. Zandee. De maneira geral, os gnósticos compreendiam que o homem seria criação do Demiurgo, *Jaldabaoth*, como é às vezes chamado. O Demiurgo seria uma mera imitação do deus criador verdadeiro e superior e, como tal, seria imperfeito. Logo, a criação dele – o homem – já teria nascido no seio da imperfeição. Em sua imperfeição, o Demiurgo teria colocado o homem no Éden, que na verdade seria uma prisão, um impedimento ao acesso ao potencial e ao conhecimento verdadeiros. Assim, a Árvore do Conhecimento do Bem e do Mal era considerada como o próprio caminho para a gnose!

Bem, deixemos um pouco de lado o que os gnósticos pregavam e nos voltemos para o cristianismo mais corriqueiro. Nós sabemos bem quem tentou Eva a comer do fruto proibido: a serpente, que depois seria identificada como Lúcifer. Tivemos que dar essa pequena volta, pois para os gnósticos não teria sido a serpente que teria levado o homem a comer do fruto, mas sim *Epinoia*, uma luz que já habitava dentro dele e que *Jaldabaoth* teria tentado roubar. Os leitores também já devem estar familiarizados com a história de que, em Hebraico, o valor gemátrico de serpente (*Nahash*) e de messias (*Meshiach*) é o mesmo: 358. Assim, teríamos que os dois termos possuem uma conexão íntima ou até que expressam a mesma essência. O messias é a serpente, que, no fundo, é o fruto da árvore proibida.

Agora já estamos munidos de elementos suficientes para formularmos algumas ideias acerca dos mistérios de Barão Lundi. Em primeiro lugar, se subscrevermos a visão gnóstica, temos que a Queda pode não ter sido uma coisa tão ruim assim. Afinal, apenas através do conhecimento trazido pela luz é que pudemos nos libertar das ilusões.

Trevas cobriam a face do abismo, e o Espírito de Deus se movia sobre a face das águas. Disse Deus: "Haja Luz" e houve luz.

E é no fundo do abismo, na escuridão do nada e do "não-ser", que a luz brilha pela primeira vez. É lá que vamos atrás de seus segredos. Como fazer brilhar essa luz em plena escuridão absoluta do imanifesto? Não é à toa que estamos falando de Barão Lundi. *Lundi*, em francês é segunda-feira, *monday*, *moon-day*. A Lua é o ponto de luz na noite. É o símbolo de que precisamos para nos guiarmos dentro desse labirinto. Vemos claramente no Barão Lundi/Choronzon uma figura luciferiana[42], que seria considerado um opositor pelas visões mais tradicionais do cristianismo.

Frisvold, em seu excepcional livro *Invisible Fire*, traz-nos a visão de Pasqually acerca da Queda de maneira muito elegante. Ele explica que Pasqually via Adão como um "Sacerdote-Rei" que fora colocado no Éden, no "centro de tudo", a fim de manter a harmonia divina na terra. Assim, Pasqually veria a Queda como um afastamento, de fato, do homem da vivência com o divino. Entretanto, o autor também destaca que há um segredo na Queda e no consumo do fruto da Árvore do Conhecimento do Bem e do Mal: conhecer o mal e ser capaz de optar por não o exercer, estabelecendo assim uma atitude gloriosa e uma noção de "unidade" com o divino. Evidentemente que há uma relação estreita entre este "mal" e o "materialismo".

Fica claro que as ideias de Pasqually não combinam perfeitamente com o pensamento gnóstico geral, mas mesmo que escolhamos seguir uma ou outra, nós vemos que há um tema recorrente: a Queda não é mera desgraça, mas carrega lições que

---

[42] O que não significa que o Voudon Gnóstico seja luciferiano. Assim como qualquer outra corrente de pensamento, o Luciferianismo em todas as suas formas pode ser utilizado para as explorações Voudonistas, mas jamais definirá o sistema.

podem ser convertidas em poderes fundamentais para a gnose. Esse é um dos motivos pelos quais o Voudonista Gnóstico mergulhará em Daath, para buscar essas chaves que serão valiosas em sua busca gnóstica. A exploração da Árvore, conforme sua configuração depois da Queda, é feita até as últimas consequências nesse contexto, tudo em prol de uma experiência pulsante da mente divina.

A cabala voudonista é, portanto, um projeto do cosmos, e revela ao seu estudante dedicado os pontos de interesse e de poder que poderão ser explorados. No trabalho de edificação de seu próprio universo subjetivo, o Voudonista Gnóstico bebe da fonte dessas experiências para tomar para si o domínio desse processo.

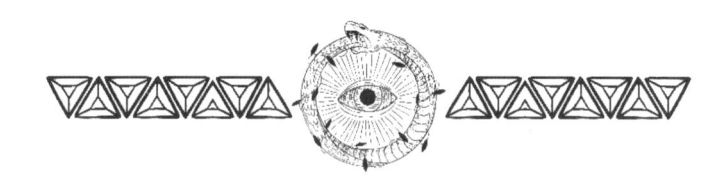

NECRONOMICONOMIA: TEMOR E FASCÍNIO ALÉM DE YUGGOTH

Um dos pontos que mais se destaca dentro do Voudon Gnóstico é o reconhecimento de que Howard Phillips Lovecraft (1890-1937), além de ser um escritor talentoso, era uma antena viva para mensagens meonitas transmitida além de Yuggoth. Mensagens transplutonianas que, em meio às suas radiações aeonicas, traziam imagens e ensinamentos dos Antigos. Lovecraft, um cético declarado, jamais acreditou que seus contos e que toda a sua construção ficcional fosse qualquer coisa além de ficção. Porém, na realidade, a opinião de Lovecraft sobre si mesmo e sobre seu trabalho não é assim tão determinante. Há coisas que expressamos que são maiores do que nós mesmos, reconheçamos ou não!

Como autor, enquanto vivo, Lovecraft não alcançou a fama. Na verdade, ele era um completo desconhecido e sua produção literária foi alvo de diversas críticas nada elegantes. Entretanto, seu trabalho foi redescoberto após a sua morte e passou a ser celebrado de tal maneira que se entranhou na cultura *pop* até se tornar um dos universos ficcionais mais conhecidos e explorados. Os escritos de Lovecraft são atualmente classificados como "horror cósmico".

Horror é um gênero que dispensa apresentações. É o "cósmico" dessa classificação que nos diz mais exatamente sobre o que ele escrevia.

De maneira geral, seu "Mito de Cthulhu" passeia pela ideia de que nós, seres humanos, somos absolutamente patéticos, irrelevantes, descartáveis e indefesos frente à vastidão de elementos, criaturas e de alcance do universo. Nada representa melhor essa ideia do que as criaturas que habitam os contos e novelas de Lovecraft. Desde seres cósmicos que habitam nosso planeta e que já foram cultuados como deuses até criaturas de locais desconhecidos do espaço, todos são poderosíssimos e horrendos.

Sem dúvida a criação mais famosa de Lovecraft é Cthullu, um dos "Grandes Antigos". Esse ser ancestral, de acordo com as histórias, estaria adormecido em algum lugar do oceano pacífico, na cidade de *R'lyeh*. Engana-se, porém, quem acha que em seu sono, ele estaria completamente esquecido. Cultos ao redor do mundo tentariam de todas as maneiras despertá-lo em troca de promessas de poderes.

Outro elemento que aparece pela primeira vez nas histórias de Lovecraft e que ganhou o mundo é o Necronomicon. Esse livro, cujo nome real seria *Kitab al-Azif*, constituiria um grimório sinistro escrito pelo árabe louco de nome Abdul Alhazred. Tamanha foi a popularidade do Necronomicon que uma mania por ele tomou o planeta de assalto. Pessoas de todos os locais procuravam pelo livro, na tentativa de desvendar seus mistérios. Muitas outras criaturas, raças, planetas e objetos bizarros povoaram a mente de Lovecraft e foram expressos por sua escrita. Evidentemente, não faremos aqui um inventário das suas obras e de seu universo, isto outros já fizeram. Interessa-nos mais é entender a ligação de Lovecraft com a magia.

Como já escrevi, Lovecraft se declarava um cético e ateu. Sabemos dessa sua posição pelo conteúdo de cartas escritas por ele. Há uma parcela de pessoas, entretanto, que insiste que Lovecraft teria feito essas declarações para se salvaguardar, mas não parece haver argumentos fortes que sustentem essa hipótese. O que está documentado, por outro lado, é que o autor recebia certas inspirações por meio de sonhos, como foi o caso do próprio nome do Necronomicon. Isso também é utilizado algumas vezes como prova de que ele teria tido comunicações com inteligências não humanas.

Sem querer me prender a nenhuma teoria, e certo de que não precisamos explicar exatamente o que acontecia na cabeça de Lovecraft, acredito que possamos focar a discussão na influência dos escritos dele na magia. Eu já advoguei aqui, neste livro, que frequentemente procurar por respostas exatas nem sempre altera a funcionalidade das coisas em magia. Sigamos com isso em mente. Apenas quando estivermos já adiantados nesta discussão, sentir-me-ei à vontade para deixar minha interpretação acerca dessa teoria.

É com Kenneth Grant que Lovecraft começa a ser incorporado de maneira significativa na magia ocidental. Grant traz para dentro do seu sistema as criaturas de Lovecraft, entendendo que se tratavam, de fato, de inteligências espaciais que estavam influenciando a vida na terra. Obviamente, essa noção ganhou alguns defensores, mas também muito detratores. Até os dias de hoje é comum a discussão acerca dessa adesão de Grant ao "Mito de Cthullu". Muitos ocultistas contemporâneos julgam esse movimento como absurdo ou risível. Minha opinião sincera acerca destes que se ocupam de denegrir o uso de Lovecraft em magia é que lhes falta uma compreensão mais clara de como a magia opera e da sua natureza.

Mais recentemente, o lançamento de *Pseudonomicon* (2009) de Phil Hine, marcou a sedimentação de Lovecraft como uma fonte de instrumentos e de conceitos mágicos. Este livro é inteiramente dedicado à prática mágica baseada no universo ficcional lovecraftiano. Antes de Hine, entretanto outro ocultista influente que incorporou Lovecraft em seu sistema foi Michael Bertiaux. O sistema do Voudon Gnóstico e o VGW fazem referências ao trabalho de Lovecraft, colocando estas entidades e o Necronomicon como elementos palpáveis dentro da magia. Embora Bertiaux não tenha dado a elas o protagonismo que Hine daria mais tarde, as coisas lovecraftianas são parte importante do grande caldo que compõe o sistema.

Um dos elementos lovecraftianos mais frequentes no texto do VGW é Yuggoth. Bertiaux equipara Yuggoth a Plutão, baseado no fato de que Lovecraft localiza Yuggoth como estando nos limites fronteiriços do nosso sistema solar, no cinturão de Kuiper. No "Mito de Cthullu", Yuggoth é o lar de raças alienígenas e de cidades. Embora não tenhamos evidências de nenhuma raça ou de cidades estabelecidas em Plutão, devemos nos lembrar de que os métodos de mensuração e de observação corriqueiros não estão aptos a captarem emanações mais sutis ou que estejam localizadas em universos alternativos. Portanto, não descartemos nenhuma possibilidade!

Para Bertiaux, o conceito de transyuggothiano estaria conectado à ideia de um espaço ou de uma existência além do conhecido, além do que nós humanos podemos compreender. Plutão, ou Yuggoth, também é associado a Kether na Árvore da Vida, o que sugeriria que o transyuggothiano estaria na verdade para além de Kether: ou nos três véus de negatividade ou na parte traseira da árvore da vida. Todas essas ideias apontam para a noção de coisas que são desconhecidas, inomináveis, inefáveis e, por consequência, potencialmente aterrorizantes. Aqui nos aproximamos do "horror cósmico" lovecraftiano.

Esse temor em relação a algo poderoso e desconhecido não é exatamente um sentimento novo dentro da civilização. Precisamos nos lembrar de Rudolf Otto (1869-1937), um teólogo e filósofo alemão que se preocupou em entender os sentimentos que nós, mortais, temos diante do divino. Otto vai alegar que, diante do divino, nós nos entregamos a aspectos irracionais que disparam a noção de que nada daquilo poderá jamais se explicado ou realmente compreendido. Essa noção faz Otto entender que é pelo sentimento que poderemos experimentar o divino.

Um dos aspectos desses sentimentos que Otto destaca é a *majestas*. De maneira simples, a *majestas* é a sensação avassaladora de inferioridade que se forma na presença da divindade, de todo seu poder e de toda a nossa incapacidade de compreendê-la. Além da *majestas*, Otto também elenca o *tremendum*, que seria o temor que a divindade desperta. Não é difícil perceber que *majestas* e *tremendum* andam juntos. Porém, Otto nos rememora de que as coisas que causam medo e confusão também nos atraem de maneiras estranhas, aí entrando o sentimento de fascinação que sentimos diante da divindade.

Este passeio ao pensamento de Rudolf Otto nos indica que o "horror cósmico" de Lovecraft e as radiações e seres transyuggothianos, bem como os aspectos meonitas, têm algo em comum, que é a capacidade de despertar esses sentimentos, assim como faz o divino. Por isso, toda a mitologia lovecraftiana, longe de estar deslocada dentro de um contexto mágico-religioso, encontra-se nele muito bem acolhida. Não é de se estranhar, portanto, que ela tenha sido recepcionada por esses ocultistas habilidosos e inovadores, que perceberam nela a fagulha simbólica de uma verdade inquestionável.

Nesse cenário, o Necronomicon surge não como um mero compilador de feitiços, mas como um revelador de mistérios, um livro sagrado, uma bíblia transyuggothiana. Por isso, esse livro foi capaz de despertar tanto interesse e gerou uma verdadeira "corrida do ouro" em busca de sua versão "original". Algumas versões do Necronomicon chegaram a ser publicadas, mas é claro que se trata de construções baseadas em Lovecraft e não do suposto tomo "verdadeiro". Com isso, não quero dizer que essas versões não tenham seu valor, mas precisamos reconhecê-las pelo que são de fato. Já que não há um Necronomicon de verdade, ao menos não como Lovecraft o descreveu, esses mistérios cósmicos descritos por ele ficaram sem uma casa para se expressarem por vias espirituais e mágicas. Precisando de um espaço para serem desenvolvidos, não tenho dúvida de que esses símbolos emitiram ondas atrativas e chamaram para si mentes harmonizadas com suas representações. Nesse contexto, surge a inserção das coisas lovecraftianas dentro do trabalho de Grant, Bertiaux, Hine e de outros.

Então, a busca pelo Necronomicon se revela um esforço talvez desnecessário, já que os Necronomicons estão aí, múltiplos, apresentados, e outros ainda surgirão. O sistema do Voudon Gnóstico abraça sua versão do "Necronomicon" como uma das expressões do universo e da mente dos mestres!

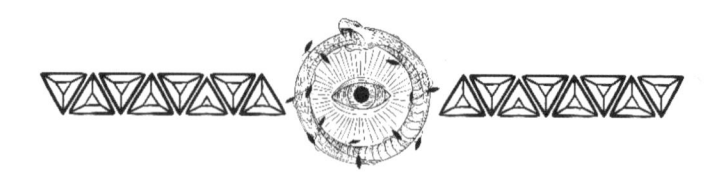

Uma Jornada Aracnídea ao Centro da Teia dos Mundos

Antes de entrarmos na parte final deste trabalho, na qual eu darei exemplos simples e bastante rápidos de como entrar em contato com *Les Vudu* a partir de ensinamentos do VGW, recebi uma comunicação dos espíritos de que deveria oferecer uma peça narrativa acerca de uma experiência particular que tive com Barão Zariguin.

Este capítulo destoará em estilo dos demais, pois conforme as instruções que recebi de *Les Vudu*, ele foi romantizado para que o leitor possa acompanhar a experiência de maneira mais leve. De acordo com o entendimento de *Les Vudu*, esta narrativa poderá ativar certos centros cerebrais e astrais nos leitores e estimular a emissão de raios vudutrônicos eletrofisiológicos que começarão a produzir hormônios atlantes específicos que, por meio de circulação pelo sangue e de transmissão de sinais mágico-químicos, irão causar transformações sutis que permitirão a melhor compreensão de certas chaves zothyrianas codificadas no Voudon Gnóstico. Sem mais delongas, vamos ao relato.

Numa dessas tardes típicas da vida contemporânea, aquelas nas quais o trabalho já esgotou toda a paciência e nas quais o espírito está se sentindo particularmente em risco de extinção, decidi que seria interessante tentar uma comunicação radiotrônica com ondas psicotransformadoras naturais em busca da captura de mensagens de *Les Vudu*. Inspirado nos relatos do próprio Bertiaux e encorajado levemente por uma não total falta de aptidão para o desenho, eu havia decidido que tentar encapsular as experiências mágicas por meio de pinturas poderia ser uma boa avenida de exploração inicial. Eu havia começado a captar estas ondas espalhadas pela realidade e a decodificá-las por meio de operações mágicas simples que me impeliam a produzir, então, uma tela.

Naquela tarde, perdida entre tantas outras, eu planejava fazer o mesmo e achei que tudo correria conforme antes. Eu seria estimulado pelas ondas, captaria as comunicações e repentinamente começaria a pintar algo sem nenhum planejamento prévio. Entretanto, naquela tarde específica, não foi exatamente assim que as coisas aconteceram. Eu havia começado a sentir as alterações fisiológicas disparadas pelas ondas psicotransformadoras e os centros radiônicos passavam a emitir vibrações voudonistas sutis que ecoavam pela minha caixa craniana e reverberavam pelo tórax, estimulando os *chakras* a se polarizarem de maneira uníssona. Entretanto, apesar dessas mudanças e dos efeitos de alteração de consciência e de abertura de visão extrassensorial sutil, parecia que ou eu não captava nada ou que não era capaz de decodificar nada do que captava.

Em minha consciência, no nível ordinário, operando em supressão pelo peso das camadas superiores, eu já começava a acreditar que apesar de todo o maquinário mágico estar alinhado, a operação não teria sucesso em produzir uma tela ou ainda em converter qualquer dado compreensível. Após um determinado tempo sustentando a engenharia esotérica em operação, decidi que era momento de dar um pequeno intervalo. Ainda alterado, porém fora de qualquer estado receptivo ativo, dirigi-me a um cômodo específico do apartamento, procurando por algo que agora não merece menção. Ao chegar ao dito cômodo, deparei-me com uma pequena aranha parada na parede, dessas que comumente chamamos de "papa-moscas", de frente para mim, na altura dos meus olhos e encarando-me. Eu fiquei mesmerizado com aquele encontro e imobilizei-me no ponto onde estava, dedicado a permanecer na troca de olhares. Meus dois olhos carnais e meus infinitos olhos astrais focados nas múltiplas visões que o pequeno aracnídeo tinha de mim.

O que pode ter despertado nela o interesse por mim? Terá sido o meu tamanho? Minha forma humanoide que lhe pareceu absurda? Nada disso! Aquela aranha não era um artrópode ordinário. Eu ainda não sabia, mas as ondas psicotransformadoras haviam entrado em certa sintonia e os *chakras* se polarizado de tal modo que eu havia chamado a atenção de um de *Les Vudu*, que resolveu me fazer uma visita. Ao meu sinal de reciprocidade, a aranha resolveu ensinar-me um segredo. Aranhas não falam, mas elas têm muitos outros recursos que podem ser lidos de maneira cristalina por aqueles que conhecem a sua linguagem. Naquele momento específico eu, então, conhecia perfeitamente o idioma aracnídeo, um presente de *Les Vudu*. A aranha começou a fazer uma série de movimentos com suas pernas, levantando-as e abaixando-as em determinado ritmo e sequência. E eu ali, parado, embasbacado, observando.

A dança secreta da aranha foi outro presente de *Les Vudu* e eu entendi imediatamente que aquela dança era um rito. Um chamado, uma maneira de convocar alguém... Barão Zariguin!

O nome explodiu na minha mente, ao mesmo tempo em que uma figura de rosto aracnídeo antropomorfizado e cartola surgiu. Sua pele de queratina, um tanto acinzentada, era um misto de crânio humano e de aranha. Suas quelíceras saltando pelos cantos de uma boca murcha repleta de dentes amarelados pareciam compor um sorriso inumano. O que o *Lwa* dos venenos mágicos, da morte e do tempo poderia querer comigo? O que aquele fiandeiro queria me dizer afinal?

A aranha já havia dado seu recado. Em sua dança, ela havia me dado uma missão e ensinado uma chave. E eu achando que naquela tarde de opressão aos espíritos, nada aconteceria... Mal sabia que eu seria lançado em um mausoléu antigo, tomado por teias e por pequeninos seres rastejantes. Sim! Pois esse é o lar de Barão Zariguin, o Ghede aracnídeo, o de oito pernas secas... Aquele cujos olhos brilham na escuridão além do tempo, como uma constelação formada por estrelas perturbadas. O fiador sinistro, cuja seda será a nossa verdadeira mortalha!

Corri para a tela que ainda aguardava os meus golpes desajeitados do pincel embebido em tinta e dela extrai um retrato do Barão Zariguin. Depois, não sei bem como, acabei parando na cama. Lá, deitado, eu comecei a entoar um mantra rudimentar que ecoava pelos universos meu desejo de uma comunicação com o Barão! Por quanto tempo eu fiquei ali, deitado, pronunciando aquela oração improvisada, não sei dizer. Talvez tenham sido alguns poucos minutos, mas a noção de tempo não fazia mais sentido. Eu estava começando a penetrar em realidades atemporais... Parafraseando H. P. Lovecraft, não está morto o que pode eternamente jazer e em universos estranhos até o **tempo** pode morrer.

Retas e formas geométricas invadiram minha visão astral. Como se uma tecelã estivesse a puxar fios de lá para cá, naquela fase do processo criativo na qual a obra ainda é um borrão... Mais rabiscos e estranhas formas foram surgindo e se agregando, como uma grande colônia de pequenas criaturas, eles foram se amontoando, girando, dançando e vibrando até acharem a forma correta.

Tão claramente quanto se pode ver qualquer coisa, eu vi o *vèvè* [43]. Uma aranha euclidiana com as patas espalhadas pelos planos! Foi então que surgiu a voz, aquela voz que eu não sei dizer de onde veio, nem de quem era e nem mesmo como era. Aquela voz que carregava uma força radioativa enervante. De início, parecendo apenas um sussurro, mas logo as palavras saltaram pelas vibrações e encontraram abrigo em minha consciência!

> *Barão Zariguin é aquele que tece a teia do tempo e do espaço. Ele a encurta ou alonga de acordo com sua vontade. Ele pode até rompê-la e fazer uma nova, na verdade.*
>
> *Há uma dança secreta para invocar o Barão, que me foi ensinada por uma aranha de atitude. Essa dança o convoca em sua cabeça para que ele possa lhe revelar a completude.*
>
> *O Barão é o próprio momento e espaço morto e vazio. Apenas através de suas pernas você pode viajar por eles.*
>
> *O Barão deseja que eu lhe diga que não há tal coisa como uma simples aranha na parede.*
>
> *Memento Mori — mas aproveite intensamente, pois o Barão tecerá sua teia novamente!*

---

[43] *Vèvè* é um símbolo gráfico utilizado no Vodu haitiano para representar um espírito. É similar aos pontos riscados da Umbanda.

*Sua teia é sua própria irmã e esposa, então o Barão
nunca está sozinho.*
*Sua própria teia você deve construir. Se assim o
fizer, a Feitiçaria de Zariguin virá logo a seguir.*
Você pode chamar-me para viajar ou para picar.
*Na forma de escorpião sou o mais venenoso que
há! Acredito que você não poderia nem mesmo
olhar. O escorpião é um símbolo de perigo e de
dor. E isso é o que aguarda os que me
convocarem sem valor!*

Eu estava no centro da teia dos mundos. Preso no seu lado mais sinistro, no lado comandado pelo Barão Zariguin. Do outro lado, na face da vida, seu irmão Anamse tece os fios de uma qualidade diferente. É a dança perpétua destes dois que, como o bater do coração universal, dita o ritmo dos dias e das noites dos homens e de tudo mais que existe.

Lá eu estava, sendo envolvido pela seda dos dois, sem ainda saber que Anamse sempre está coordenado com seu irmão. Ali, enquanto eu era coberto por fios e mais fios e tudo em mim se transformava, o Barão injetava venenos voudonistas que fizeram meus olhos se multiplicarem como os do próprio aracnoespírito! Quando eu estava total e finalmente coberto e a respiração me faltava, pude enxergar com meus novos olhares coisas que não pude identificar e nem compreender. As quelíceras de Zariguin estavam fincadas ferozmente em minha pineal e tudo que eu podia sentir era o ardor da metamorfose, da licantropia aracnídea voudonista! Os segredos atlantes que viajavam pelos meus olhos e os encantamentos que eram pronunciados em meus ouvidos, todos foram perdidos por força da quentura dos venenos e da transformação!

E quando tudo passou, eu ouvia as pequenas pernas andando pela minha mente. *Tic tic tic tic tic...* As pequenas pernas subindo e descendo, costurando fios curtos e longos, retos e curvilíneos...

Bawon Zariguin, por Eduardo Regis

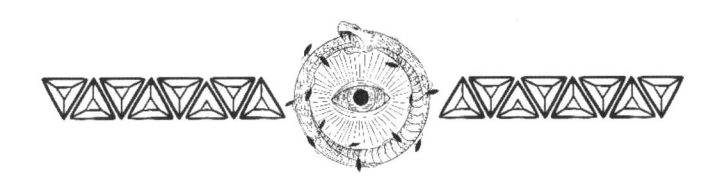

Trabalhando com *Les Vudu*

Após todos os capítulos pregressos é chegado o momento de falar um pouco sobre a prática. Bem, o VGW é, em verdade, um livro de práticas. Ele está repleto de lições com sugestões de operações, reflexões, estudos etc. Não há melhor fonte do que o próprio Bertiaux para mergulhar fundo no mundo do Voudon Gnóstico, mas eu acredito que consiga sugerir uma ou outra prática que poderão dar uma noção de como é navegar nas águas deste sistema.

Vou apresentar algumas práticas simples, que servirão como uma maneira de se entrar em contato com os espíritos do Hoo e do Doo e com outros *Les Vudu*[44]. Quase todas as práticas aqui descritas envolvem a construção de máquinas mágicas simples. Fique à vontade para adaptar os materiais à sua realidade e ao que tiver em mãos. Uma das grandes vantagens do Voudon Gnóstico é a sua versatilidade, lembre-se disso.

---

[44] Com pequenas adaptações, as práticas aqui descritas poderão ser empregadas para qualquer um dos *Les Vudu*.

Prática 1: Guias Voudonistas

A Guia é um colar construído pelo Voudonista Gnóstico com o intuito de captar e concentrar as radiações voudonistas emitidas pelos espíritos. Há vários usos para essas Guias, mas o principal, certamente, é o de auxiliar em rituais e operações, agindo como um ímã para os poderes espirituais invisíveis.

Construir uma Guia é muito fácil e elas podem ser feitas em dedicação a qualquer espírito ou grupo de espíritos. Nesta fase inicial, construiremos uma Guia dedicada aos espíritos do Hoo e do Doo. Para isso, você precisará, no mínimo, dos seguintes materiais:

- Fio de nylon ou fio de algodão.
- Contas variadas representando elementos aquáticos, marinhos e elementos de morte e cemitérios e diferentes cores.
- Pendentes em forma de animais aquáticos, conchas, caixões, caveiras etc.
- Uma vela preta.
- Giz, pemba ou papel e caneta.

Para montar a Guia, primeiro meça o tamanho que gostaria que ela tivesse. É importante que a Guia, quando utilizada ao redor do pescoço, não limite os movimentos e que não seja desconfortável. Calcule a quantidade aproximada de fio e de contas e pendentes que devem ser usados e certifique-se de que tem material suficiente para isso. Recomendo que não corte o fio do carretel ainda, para que haja espaço para ajustes.

Como ela será? As contas serão distribuídas em grupos? Aleatoriamente? Usarão as contas verdes ou azuis para representar a água? Ou ambas? E a morte? Contas pretas e violetas? Caveiras? Sua visualização criativa é que responderá essas perguntas. Medite pelo tempo necessário até que a Guia surja na sua visão interna. Enquanto medita, entoe o seguinte mantra: *"que os espíritos do Hoo e do Doo me auxiliem"*.

Coloquem as contas e os pendentes de acordo com a sua visão. Confira se o tamanho da Guia está adequado. Estando tudo certo, corte o fio e faça um nó a fim de fechá-la como um colar. Pronto, a Guia está construída. Coloque-a em volta do pescoço e, com o giz ou a pemba, trace uma cruz no chão. Alternativamente, faça uma cruz no papel. Coloque a vela preta no centro da cruz. Acenda a vela e repita:

> *Espíritos do Hoodoo Sortudo, eu construí a Guia*
> *conforme vocês me revelaram e agora eu peço que*
> *vocês a magnetizem com seus poderes espirituais.*
> *Que esta Guia sirva de elo entre nós.*

Retire a Guia do pescoço e coloque-a aos pés da vela. Deixe a vela queimar por completo. Você estará, então, em posse de uma máquina esotérica poderosa.

PRÁTICA 2: O ALTAR HOODOO

Agora, vamos seguir na montagem de um pequeno Altar Hoodoo, com o qual você fará orações esotéricas e outros rituais. Os materiais mínimos necessários são:

- Uma tábua de madeira de aproximadamente 30 cm x 30 cm ou similar

- Tintas e pincéis de várias cores
- Uma vela preta, uma vermelha, uma azul, uma verde e uma amarela
- A Guia.

Vista suas Guias voudonistas e declare o seguinte para o universo: "q*ue os espíritos do Hoodoo ouçam meu chamado e me emprestem sua visão para que um novo Altar seja erigido*". Respire fundo, sente-se com todos os materiais ao redor e feche os olhos. Novamente, deixe que o Altar seja construído na visão imaginativa. Os espíritos dirão os signos, palavras e ordenamento que são necessários para o Altar pessoal de cada um.

Trace os sinais e faça os desenhos com tinta sobre a tábua de madeira que formará o seu Altar. Não importa se você é particularmente talentoso ou não para a pintura ou desenho. Faça como conseguir e como sentir que deve. Se tiver materiais ou se sentir inspirados a colocar outras decorações como pedras, contas e imagens, fique à vontade. Caso a instrução para tal venha e você não tenha os materiais necessários em mãos, separe o Altar em um local seguro e retorne ao trabalho mágico em outro momento, após conseguir os elementos necessários. Repare que não há necessidade de ser um Altar sofisticado e que ninguém precisa ser um artista para fazê-lo. O importante é criar suas ferramentas com a alma. Uma vez terminada a construção do Altar, permita que a tinta seque por um dia.

Na noite seguinte, vista suas Guias e arranje as velas sobre o Altar, na seguinte ordem: vela preta no meio do Altar; vela azul no Oeste; vela amarela no Norte, vela vermelha no Leste e vela verde no Sul. Acenda primeiramente a vela amarela e, depois, as demais, sempre em sentido anti-horário, até chegar ao Leste. Finalmente, acenda a vela preta, feche os olhos e diga: *"Espíritos do Hoo e do Doo venham abençoar o novo Altar erguido"*. Sinta a chegada dos espíritos do Hoo e do Doo. Perceba as diferentes sensações que cada grupo traz. Quando estiver seguro de que os espíritos chegaram, digam:

> *Ofereço este Altar a vocês para que nossa relação*
> *seja harmoniosa e profícua. Os poderes da luz*
> *afastam as trevas e eu sei que vocês são meus*
> *amigos.*

Fique em estado meditativo por alguns minutos. Talvez eles queiram enviar alguma mensagem ou se façam presentes de alguma maneira. Perceba todo o ambiente e esteja atento aos sinais. Quando sentir que é suficiente, apague as velas na ordem inversa à qual foram acesas e diga: *"eu me despeço dos espíritos do Hoodoo e os agradeço pela sua presença aqui hoje"*.

PRÁTICA 3: A ATUA[45]

Enquanto o Altar é móvel e, de certa maneira, temporário, a Atua é um ponto de fixação mais estável e duradouro para os espíritos. Ela só deve ser construída se você estiver disposto a manter uma relação mais profunda e constante com o invisível. Ter uma Atua em casa atrairá muitas bênçãos dos espíritos, mas também é uma responsabilidade, pois é uma declaração de compromisso. Caso você não se sinta pronto para tomar essa decisão, pule para a próxima prática. A maneira mais tradicional de se construir uma Atua

---

[45] Recomendo que apenas quem já fez o ritual de dedicação aos espíritos do Hoodoo – seja a versão descrita no VGW ou a deste livro - construa uma Atua.

é utilizando-se uma caixa de madeira e nós seguiremos essa instrução. Para montar a Atua a os espíritos do Hoo e do Doo você precisará de:

- Uma caixa de madeira do tamanho que preferir, mas de boa qualidade; evitem MDF, compensados e similares
- Tinta, pincéis e outros materiais de artesanato
- Uma vela preta
- Uma imagem ou figura de um animal aquático (peixe, tartaruga, cobra ou sapo de preferência)
- Imagem ou figura de algo relacionado à morte e ao cemitério (caveira, caixão, esqueleto etc.)
- A Guia e o Altar, com suas respectivas velas

Importante: todas as imagens deverão caber dentro da caixa fechada. Vista suas Guias, prepare seu Altar e acenda as velas, declarando:

> *Espíritos do Hoodoo, eu construirei uma atua para que vocês abençoem minha casa, meu templo e para fortalecer nossa relação. Por favor, ensinem-me como.*

Novamente, entre em estado meditativo e construa a Atua em sua imagem imaginativa. Veja os desenhos e sinais e símbolos que devem estar presentes na caixa. Findada essa etapa, pinte a caixa e decore-a, dizendo[46]: "*a caixa está quase preparada, peço que os espíritos agora façam sua parte*". Apague as velas do Altar conforme a instrução da prática anterior, recolha e guarde-as. Coloque a caixa ao lado do

---

[46] Em tempo, isso pode ser feito ao longo do dia. Pinte, deixe secar um lado, volte para fazer outro lado e assim por diante. Apenas fique atento para que as velas no Altar estejam acesas durante todo o processo. Reponha-as, se for o caso.

Altar e deixe-a secar por completo, por um dia. Neste meio tempo, os espíritos farão as preparações astrais da Atua. Na noite seguinte, após a tinta ter secado completamente, vista as Guias, acenda o Altar novamente e coloque a Atua perto do Altar. Dentro da Atua, coloque as duas imagens e a vela preta no meio delas. Acenda a vela preta dizendo: *espíritos do Hoodoo, que vocês sintam que esta atua é uma casa adequada e agradável. Venham habitar aqui, este é o meu pedido.*

Saia do local onde estão o Altar e a Atua e deixe as velas queimarem completamente. Na manhã seguinte, a Atua estará carregada e pronta. Você poderá utilizá-la para trazer sorte e favores dos espíritos para seu lar ou, então, como uma máquina mágica de magnetização. Por exemplo, coloque pedidos escritos em papel dentro da Atua para que os espíritos possam atendê-los. Ainda, é possível colocar objetos para carregá-los com as energias dos Hoodoo.

PRÁTICA 4: RECEBENDO MENSAGENS VOUDONISTAS

Esta prática é muito importante para abrir o seu campo experimental. Após ter construído a Guia e o Altar, caso não se sinta confortável com a Atua, essa quarta prática se revelará ideal. De toda a sorte, qualquer Voudonista Gnóstico se beneficiará desta operação e recomendo que todos a façam de tempos em tempos. Os materiais necessários são um pequeno caderno, papel e caneta, lápis de cores e canetas de cores variadas.

Vista suas Guias e acenda seu Altar. Sente-se em frente ao Altar e comecem um processo de oração esotérica. Em outras palavras, comecem a conversar com os espíritos. Caso a conexão não aconteça dessa maneira, utilize os nomes dos espíritos como um mantra.

Por exemplo, no caso dos espíritos do Hoodoo, o mantra seria *Hoodoo*. Repita a palavra até a exaustão. Isto deverá ser o suficiente para uma leve alteração na consciência que transformará sua mente numa antena vudutrônica capaz de captar as vibrações até então escondidas.

Então, ceda aos impulsos vudutrônicos emitidos pelo Altar e pela sua Guia. Deixe-se levar em visões astrais e imaginativas. Escute vozes, veja figuras, tenha ideias. Nada é impossível nesse estado. Desenhe, anote e escreva todas as mensagens que receber. Apenas preocupe-se em decifrar seus significados depois.

PRÁTICA 5: TREINAMENTO DE USO DE ENERGIA VOUDONISTA SEXUAL

Esta é uma prática inicial, baseada nas práticas de Luc Guzotte, que são descritas no VGW. Para realizar essa prática aconselho o uso ou de um tapete de yoga ou de uma cadeira de meditação. Sente-se com as pernas cruzadas em posição de "flor-de-Lótus" ou deite-se no tapete de yoga. Fique confortável e feche os olhos. Faça três respirações profundas e, depois, respire no seu ritmo natural até se sentir bem relaxado.

Pense em um objetivo ou num objeto que lhe seja particularmente interessante. Pode ser qualquer coisa: melhorar nos estudos, aprender uma habilidade nova, resolver um problema... Não importa! Deixe esse objetivo ou objeto marcado na consciência, mas o coloquem em uma camada abaixo. Isso será feito simplesmente trazendo outra coisa à atenção. Agora imagine um ou mais objetos sexuais de seu interesse e comece a visualizar as mais diversas situações eróticas com eles. Permita que as energias eróticas cresçam e se expandam de maneira palpável. Tome o tempo necessário. não tenha pressa. Quando você sentir que já circulou bastante energia erótica, traga de volta à mente o seu objeto ou objetivo de desejo e visualize-se enviando toda essa energia erótica até ele. Você pode, por exemplo, visualizar raios sexuais sendo emitidos de seu corpo até o objeto. Faça isso até se sentir vazio de energia erótica.

Repita este treinamento quantas vezes forem necessárias. Lembre-se que, quando desejamos algo, podemos nos polarizar de maneira a atrair nossos desejos através da circulação e da emissão de energia sexual e é justamente isso que essa prática se propõe a treinar.

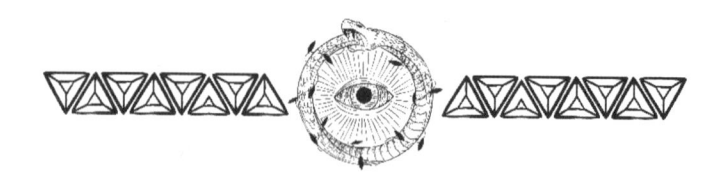

Apêndice

O Universo de um Mosteiro Gnóstico Errante no Multiverso do Voudon Gnóstico

Sébastien de la Croix

O sistema do Voudon Gnóstico apresenta um obstáculo difícil de transpor para aqueles que travam contato com essa corrente mágica pela primeira vez, sobretudo porque ele não se mostra como tal: os materiais teóricos e práticos do Monastério dos Sete Raios, da OTOA, da LCN e, sobretudo, do *The Voudon Gnostic Workbook* costumam ser compreendidos como um sistema fechado, embora vasto, profundo e complexo. Toma algum tempo do estudante a compreensão de que, longe de serem livros de receitas, eles são apenas o ponto de partida para a elaboração de um sistema gnóstico-mágico pessoal, personalíssimo, dotado da assinatura única do praticante.

Talvez a melhor imagem a expressar a natureza desse universo multifacetado do Voudon Gnóstico seja o caleidoscópio, aquele brinquedo hoje um tanto fora de moda que, por meio de espelhos e pedrinhas coloridas, permite a criação de padrões geométricos multicoloridos praticamente infinitos. Assim como os espelhos no interior do caleidoscópio são fixos, também o são os pilares estruturais do sistema, todo ele baseado nos 16 *méjì odù* de Ifá; do mesmo modo que as pequeninas pedrinhas ou pedaços de vidro multicolorido são móveis, também o são os seus elementos constitutivos, embora sempre integrados num padrão perfeito, matematicamente identificável. Esses 16 pares de *odù*, que são os portais da criação pelos quais tudo vem a ser, contam com um paralelo nas *sizígias* gnósticas, os pares de *éons* que, por sua vez, comporão e sustentarão a *Ecclesia Gnostica Spiritualis*.

Michael Bertiaux, em seus escritos, jamais cansou de enfatizar que a corrente do Voudon Gnóstico é a ciência da elaboração e construção do templo da consciência, criado pela mente alimentada pela vontade e imaginação. Para tanto, as linhas-mestra do Voudon Gnóstico servirão para orientar o estudante e mago na organização da sua experiência interior de natureza gnóstica e mágica, por meio dos símbolos que lhe sejam mais apropriados e familiares, pois serão justamente esses símbolos que terão maior poder para o operador, tornando-se verdadeiras máquinas geradoras de força mágica. Noutras palavras, os contatos internos do sistema, ou *Lwas,* se manifestarão por meio desses símbolos, não importa quais sejam.[1]

Em *The Voudon Gnostic Workbook*, ao tratar do Monastério dos Sete Raios como *"o departamento católico e mágico da consciência gnóstica moderna"*, Michael Bertiaux enfatiza que qualquer série estruturada de operações mágicas pode ser criada pelo praticante em qualquer situação, dando como exemplos possíveis dessa experimentação superlativamente flexível um gnosticismo vodouísta, um gnosticismo junguiano, thelêmico, católico, zothyriano, enoquiano, entre outras infindáveis possibilidades. Para tanto, *"um número infinito de entidades mágicas pode ser contado"*, valendo-se da escala de 16 padrões duplos já mencionada, pois será ela que assegurará a harmonia entre elementos aparentemente díspares e estranhos uns aos outros.[2]

Como observa Frater Vameri nesta obra que o leitor tem em mãos, *"não há tabus e não há limites para as áreas que podem ser trabalhadas"*, pois *"cada membro da OTOA é um universo próprio, repleto de possibilidades e de configurações muito particulares"*, de sorte que *"o Monastério se apresentará de uma maneira única para cada um desses membros"*.[3] Contudo, muito embora esse ensinamento se constitua numa chave preciosa que não costuma ser entregue ao estudante de maneira clara e objetiva, poderá ficar a dúvida sobre como empreender esse trabalho único, particular, nesse multiverso de infinitas possibilidades...

É justamente sobre um primoroso exemplo de construção de um sistema mágico pessoal alicerçado no Voudon Gnóstico que discorro: a obra de Tau Palamas, *Syzygy – Reflections on the Monastery of the Seven Rays*, na qual se expõe toda a estrutura teórica e prática de um mosteiro de *gyrovagues* gnósticos, isto é, de monges caminhantes, não fixados fisicamente num determinado local e tampouco pertencentes a uma determinada ordem religiosa católica. A proposta, como se vê já num primeiro momento, é duplamente herética: de um lado, ela é ostensivamente gnóstica (embora não dualista), "heresia" desde sempre combatida pela Igreja Católica Romana e, de outro, estrutura-se no espírito dos gyrovagues, que mereceram duras críticas do próprio São Bento e foram proibidos pelos Concílios da Calcedônia (sec. V) e Segundo de Niceia (sec. VIII).

Tau Palamas, ecoando as lições de Bertiaux, parte da premissa de que há uma multiplicidade incalculável de planos no Monastério dos Sete Raios, possibilitando que cada um de seus membros tenha uma experiência singular. Nas suas próprias palavras, *"o Monastério dos Sete Raios é um império holístico, divinizando todos os aspectos da nossa existência e enviando-nos para fora nos multiversos e espaços secretos estabelecidos para nós em nossas viagens únicas pelo Gran Chemin (o Grande Caminho)"*, prosseguindo:

> *"O Monastério não é uma ordem obsoleta de receitas prontas, demandando dos seus postulantes viver uma vida de seguir as palavras dos outros, orando ante os ícones dos outros e cultuando as ideias dos outros sobre a Divindade. O nosso Monastério pede participação, trabalho e uma mente livre e que pensa por si mesma. Cada uma das nossas esferas ônticas age como um campo mórfico que, quando em ressonância com o campo de outra pessoa (espiritual ou fisicamente), causa genesis e leva ao nascimento de genius e cria uma explosão de força e energia criativa."* [4]

Cada viagem individual pelo *Gran Chemin* conduz a um espaço gnóstico individual e é o seu *locus* gnóstico particular que Tau Palamas apresenta na obra que aqui se está a comentar, um *locus* habitado por monges cristãos gnósticos (não duais) itinerantes. Tau Palamas define-se como um bispo cristão a serviço de uma comunidade cristã, salientando que, inicialmente, aproximou-se dos santos católicos, sobretudo de São Gregório Palamas, a partir dos quais a força dos *Lwas* se fez expressar. Esse fato não comporta nenhuma estranheza, pois no Vodu haitiano, assim como nas

Umbandas mais antigas do Brasil, não há propriamente um sincretismo entre santos e *Lwas* ou *Orixás*, assim compreendida a ocultação da divindade não cristã sob a máscara do santo católico, mas sim uma simbiose, amálgama ou mesmo transfiguração entre o santo e a divindade africana. Como acentua Tau Palamas, o reino espiritual não se traduz num sistema fechado e *"as energias tomarão qualquer forma com as quais estivermos trabalhando, e essa é a razão pela qual praticantes podem inclusive fazer uso de magia lovecraftiana em nosso sistema"*.[5]

A obra de Palamas é dividida em duas partes, uma teórica – *ora* – e outra prática – *labora*, compondo o tradicional lema beneditino, alquímico e rosacruciano: *ora et labora*. Na rica seção teórica do livro, o autor inicia explicando a necessidade de se cultivar a tranquilidade mental como pressuposto da cura e do ajustamento do corpo e da alma – *aeques animus*. Para tanto, o uso dos salmos constitui uma importantíssima ferramenta de trabalho – *opus dei* -, seja pelo seu caráter profundamente teúrgico, seja pelo seu aspecto oracular como um livro de bibliomancia por excelência. Ademais, encontrada em todas as tradições místicas de que se tem conhecimento (*mantra, anussati, zikr*), a rememoração dos nomes divinos presente nos Salmos conduz o praticante ao silêncio que antecede a comunhão mística, na qual o amante e o amado fundem-se no puro amor.

Segue-se, então, a *Lectio Divina*, a leitura meditada e meditativa das escrituras (nas quais se inserem as lições do Monastério dos Sete Raios), a qual não se dissocia do encontro diário com os espíritos, cujas vozes sussurrantes passam a ser ouvidas enquanto se saboreia a *gnosis* extraída do texto. Para tanto, no que concerne às lições do Monastério dos Sete Raios, é preciso permitir que a essência do texto penetre a própria alma, ruminando o texto incansavelmente, a fim de que ele se torne uma ponte pela qual os espíritos passem.

Toda essa senda monástica tão particular leva ao triângulo superior formado pela oração (*oratio*), contemplação (*contemplatio*) e iluminação (*iluminatio*), não necessariamente nessa ordem, levando à união silenciosa com os espíritos e ao despertar de habilidades psíquicas como clarividência e clariaudiência. Uma síntese desse trabalho místico, que não passa da Comunhão dos Santos mencionada no Credo dos Apóstolos da Igreja Católica Romana, pode ser encontrada na *Técnica da Prece Esotérica* ensinada no *The Voudon Gnostic Workbook*.

O obstáculo mais importante a se contornar para se alcançar essa comunhão é desvencilhar-se da crença de que os espíritos se encontram muito distantes de nós, em paragens inalcançáveis de algum plano sublime. Ao contrário disso, basta que silenciemos a nossa mente, que adentremos o nosso espaço gnóstico particular, para encontrá-los sempre à nossa espera, como explica Tau Palamas:

> "Os espíritos e os Mestres aguardam nossa
> aproximação, a Grande Comunhão dos Santos
> está constantemente a postos, os Lwa e as
> correntes primordiais tomam corpo e forma
> durante a prece esotérica e os sonhos da alma, e os
> verdadeiros Anciãos do nosso Monastério tornam-
> se veículos vivos do Outro Lado. Esses mesmos
> Professores, quando nos colocamos sob a sua
> tutela, podem oferecer iniciações precisas que
> coincidem com as nossas necessidades particulares
> e com o nosso desenvolvimento. A Escuta Sagrada
> é essencial para discernir tais vibrações sutis."[6]

Michel Bertiaux apresenta a mesma ideia no prefácio de The Voudon Gnostic Workbook, consignando que *"quando se usa a prece esotérica, o que se faz é falar com os espíritos como se eles estivessem sentados muito próximos... Eles estão sempre prontos para nos ouvir"*.[7] Nem sempre, porém, essa escuta dos espíritos se dará por clariaudiência, mas muitas vezes se processa como impressões análogas aos passes vivenciados nas operações dos Elus-Cöen, de Martinez de Pasqually, ou ainda como sonhos, nos quais ocorrem as mais altas iniciações nos reinos gnósticos.

Tau Palamas, ainda a respeito da prece esotérica como ferramenta a propiciar a Comunhão dos Santos, adverte que *"não basta oferendar tabaco, rum e traçar os vèvès dos Lwas ou fazer as preces apropriadas e acender a vela na cor correta para os santos – é preciso falar com os espíritos"*.[8] O verdadeiro poder, como se conclui, está na simplicidade e isso é um enorme desafio ao praticante, sobretudo em virtude da mentalidade ocidental contemporânea que preconiza que só vale a pena aquilo que se alcança mediante muito esforço ou por meio de tecnologias complexas.

A lição prática que se extrai só desses breves trechos coligidos dos escritos de Palamas e Bertiaux é bastante relevante e merece ser enfatizada: nos domínios da magia ocidental ou das fés afrodiaspóricas, quaisquer que sejam elas, ou bem o contato com os espíritos ou seres invisíveis é feito de maneira mecânica, burocrática, ou de maneira petitória, reproduzindo-se o padrão cristão de petição a Deus, ao Cristo e aos santos. Embora fosse a abordagem mais simples, poucos, pouquíssimos mesmo se dedicam a conversar com os espíritos e, mais ainda, a escutá-los. Afinal, não bastasse essa aproximação ora mecânica, ora excessivamente cerimoniosa do invisível, não se ensina mais a como cultivar o silêncio interior que propicia o *ouvir* o sutil.

Mas não é só às mais elevadas e sutis esferas ônticas que se resume esse trabalho no contexto do Voudon Cristão Gnóstico de Tau Palamas, mas também ao domínio do palpável, do corpóreo, onde entrarão as práticas envolvendo os *point chauds* e *ojas*, pois o corpo físico é onde se encontram todos os mistérios. A prática é tanto transcendente quanto imanente e, nesse último aspecto, volta-se ao reconhecimento da presença divina na multiplicidade das formas. Para o gnosticismo não dualista, o corpo é sagrado e a própria magia sexual conta com uma dimensão que vai muito além do plano meramente físico. É somente pelo uso do corpo físico e com o auxílio do corpo físico que se pode atingir a deificação (*deificatio*) de que tratou Santo Atanásio, meta única de toda a humanidade.

Nesse aspecto da integração do corpo físico no processo de deificação, não se pode deixar de lado os mortos, os *Ghedes*, pois aqueles que se foram antes de nós não somente nos dão suporte e orientação, como expressam o medo inerente à natureza humana do esquecimento, da extinção de nós mesmos. E esse medo precisa ser enfrentado bravamente. É justamente por isso que os mortos devem ser lembrados e cultuados (*memento mori*) e é aí que se encaixam e justificam alguns aspectos macabros e horripilantes das lições do *The Voudon Gnostic Workbook*. Tanto o adepto precisa trabalhar com afinco esse lado sombrio que não há tradição espiritual autêntica que não disponha desse ferramental, seja ele composto pelas deidades iradas e protetores do Dharma do budismo, pelos ritos tântricos em crematórios com libações em crânios humanos ou pelas capelas e igrejas cristãs recobertas por centenas de esqueletos humanos.

Exemplos disso são os trapistas, que se saúdam dizendo *memento mori* e possuem um crânio humano entre as suas parcas posses ou a cripta dos frades capuchinhos em Roma, decorada com mais de 4 mil ossos humanos.

Já a segunda parte da obra é, a um só tempo, um breviário cristão e um grimório mágico. Ela é composta por orientações para a estruturação de um oratório (com um exorcismo específico para os objetos nele dispostos) e por um ritual de oblação cristão adaptado da ritualística da OTOA e da LCN, no qual o praticante se dedica ao Monastério dos Sete Raios e aos espíritos que o integram. Segue-se um breviário com orações para as diferentes partes do dia, numa "Liturgia das Horas" adaptada a essa modalidade de trabalho.

Coroando a parte prática do mosteiro errante de Tau Palamas, há um método de contato com o santo padroeiro pessoal dentre um conjunto de dezesseis santos correlacionados com os *Lwas* do *Vodu* e suas cores características, bem como instruções precisas para invocá-los. Por fim, fechando o seu grimório gnóstico cristão com chave de ouro, Tau Palamas sugere o trabalho teúrgico com dezesseis salmos, num construto derivado do uso tradicional dos salmos no *hoodoo* que retoma uma tradição mágica poderosíssima, mas um tanto esquecida contemporaneamente em prol de "novidades" de eficácia bastante questionável.

Referências:

[1] Course in Esoteric Voudoo by Michael P. Bertiaux, Copyright (C) November, 1977 by Michael Bertiaux 1st Series: Lessons on the "Points - Chauds", Lesson l, part (a) "Le temple - des - Houdeaux". Esoteric voudoo is the science of the orientation).

[2] The Voudon Gnostic Workbook (expanded edition), San Francisco, Weiser, 2007, p. 75.

[3] P. @.

[4] Syzygy – Reflections on the Monastery of the Seven Rays, Cobb, Transmutation Publishing, 2015, p. 23 e 36.

[5] Op. cit., p. 83.

[6] Op. cit., p. 66.

[7] Op. cit., p. III.

[8] Op. cit., p. 83.

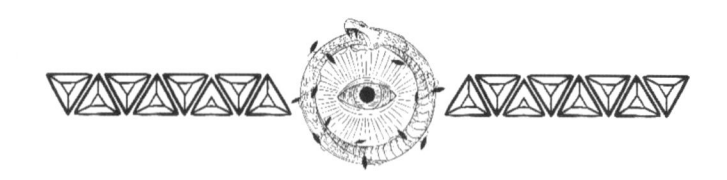

GLOSSÁRIO

Hoodoo Sortudo - Um sistema de magia que se baseia no contato e no trabalho com os espíritos do Hoo e do Doo, respectivamente espíritos dos mortos e espíritos aquáticos dos magos atlantes.

Jean-Maine - Nome da família que, por meio de Lucien François, inaugura o sistema que chamamos de Voudon Gnóstico, forjado a partir de influências de esoterismo ocidental e do Vodou haitiano.

LCN ou La Coulevre Noire - Ordem mágica irmão da OTOA (ver entrada abaixo) e que também é uma das grandes divulgadoras da corrente do Voudon Gnóstico.

Les Templier Noires - Ordem fundada pela família Jean-Maine e outros associados no Haiti.

Les Vudu - Termo que designa a coletividade de espíritos que trabalham dentro da corrente do Voudon Gnóstico.

Máquina mágica ou máquina esotérica - Uma engenhoca composta por símbolos, poderes e espíritos arranjados em correspondências e que dispara processos mágicos e gnósticos. A máquina mágica pode ter uma forma física ou pode ser inteiramente construída em universos mais sutis.

Meon ou Universo-B - Universo do "não", do "nada". Impossível defini-lo por palavras, pois as definições pertencem ao Universo-A, o nosso universo. O Meon é uma fonte importante de poder mágico e é mais facilmente acessado, pelo nosso ponto de vista, por meio de portais específicos que podem ser encontrados principalmente no lado avesso da Árvore da Vida.

Monastério dos 7 Raios - Uma coleção de ensinamentos basilares da corrente do Voudon Gnóstico, mas também um edifício de lições, um coletivo de magos e um aglomerado de laboratórios.

Ojas - Espécies de energias mágicas e místicas que estão envolvidas principalmente em radiações sexuais.

OTOA ou Ordo Templi Orientis Antiqua - Ordem mágica fundada por Lucien-François Jean-Maine e que é a principal difusora da corrente do Voudon Gnóstico.

Points-Chauds - Pontos de poderes, espíritos e processos mágicos. São como magias vivas e pulsantes que podem ser colocadas ou espelhadas no corpo físico do praticante, mas não somente e não necessariamente apenas no corpo físico. No Vodou haitiano, temos a noção de Pwen Chaud - ponto quente - uma espécie de carga mágica colocada em coisas ou pessoas. Os Points-Chauds do Voudon Gnóstico são diferentes desses, mas certamente seguem uma linha similar.

Poteau-Mitan - Poste central de um templo de Vodou haitiano. A conexão entre os céus e a terra, entre o visível e o invisível.

Pris-des-yeux - Ou prise-des-yeux. É um poder de clarividência/divinação típico do Vodou haitiano, que acaba também sendo herdado pelo Voudon Gnóstico, embora com seu próprio tempero, ou seja, com suas particularidades. Com esse poder, é possível perceber os detalhes do mundo invisível. Antigamente, receber esse dom era considerado o mais alto grau do Vodou.

Syzygy - Um par cósmico e mágico que se atrai por uma lei que é expressa pela ideia do equilíbrio.

Transyuggothiano - O que está além de Yuggoth, além de Plutão. Refere-se a energias ou seres que se originam dessa região ou que a habitam.

Venenos mágicos - Fluídos sexuais de magos carregados radioativamente com energias místicas. Especialmente encontrados nos trabalhos dos feiticeiros aracnídeos.

Zona Malva - Um "local" que se estende pelos recônditos do que está entre o sonho e o sono, entre o que existe e o nada, entre o ser e o "não-ser".

Zothyria - Trata de uma civilização cujo desenvolvimento e bases são fundamentados em magia. É também o nome do universo alternativo onde o Império Zothyriano habita.

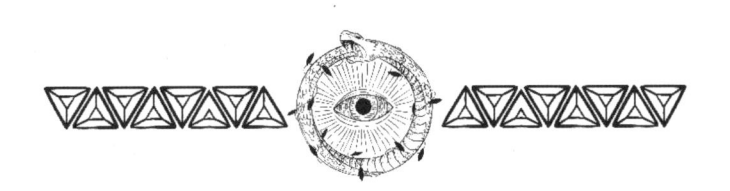

REFERÊNCIAS BIBLIOGRÁFICAS

ACKERMANN. H. W., Gautier. M & Momplaisir, M. A. Les Esprits du Vodu Haitien. Educa Vision. 2010.

BAILEY, A. A. The Labours of Hercules: An Astrological Interpretation. Lucis Publishing Company. 2011.

BEABRUN, M. & Bell, M. S. Nan Domi: An Initiate´s Journey into Haitian Vodu. City Lighs Publisher. 2013.

BERTIAUX, M. Voudon Gnostic Workbook: Expanded Edition. Weiser Books. 2007.

_____. Vûdû Cartography. Fulgur Limited. 2010.

_____. Ontological Graffiti. Fulgur Limited. 2016.

BLAVATSKY, H. P. The Secret Doctrine. Volumes I e II. Theosiphical Univ. pr. 2014.

CARR DAVID (1977). Seventy-Fourth Annual Meeting American Philosophical Association, Eastern Division || Kant, Husserl, and the Nonempirical Ego. The Journal of Philosophy, 74(11), 682–690. doi:10.2307/2025771

CORREA, I. Teodicéia Psíquica. Daemon Editora. 2021.

COSTA, M. R. N. Maniqueísmo. História, Filosofia e Religião. Vozes. 2000.

COULIANO, I. P. Eros and Magic in the Renaissance. Universtiy of Chicago Press. 1987.

CROWLEY, A. Magick: Liber ABA, Book 4. Weiser Books. 1998.

DE GUAITA, S. O Templo de Satã. Volumes I e II. Biblioteca Planeta, Editora Três. 1973.

DE OXÓSSI, D. Desvendando Exu. Arole Cultural. 2015.

_____. Os Reinos de Quimbanda e os Búzios de Exu. Arole Cultural. 2023.

DEREN, M. Divine Horsemen: The Living Gods of Haiti. McPherson. 1985.

DE VOORDE, A. V. Meeting Le Maitre. Entrevista ao site da Fulgur. https://fulgur.co.uk/meeting-le-maitre/?fbclid=IwAR26UYoOhDRlrSXhPgP7iEuf35PzOxTIMJ4vhqr ZISrsjeiy8U3HzZdxS_s. Acesso em 08 de outubro de 2022.

DRURY, N. Stealinfg Fire from Heaven: The Rise of Modern Western Magic. Oxford University Press. 2011.

DUQUETTE, L. M. The Chicken Qabalah of Rabbi Lamed Ben Clifford: Dilettante's Guide to What You Do and Do Not Need to Know to Become a Cabalist. Weiser Books. 2001.

ELIADE, M. Tratado de História das Religiões. WMF Martins Fontes. 2016.

FITE, K. Hoodoo Pilot. Sirius Limited Esoterica. 2020.

FORTUNE, D. A Cabala Mística. Editora Pensamento. 1984.

FRISVOLD, N. De M. Invisible Fire – Inner Dimensions of Western Gnostic & Theurgic Tradition. Cappal Bann Publishing. 2010.

_____. Palo Mayombe: O Jardim de Sangue e Ossos. Penumbra Livros. 2018.

GRANT, K. Cults of the Shadow. Starfire. 1975.

HEIDEGGER, M. Ser e Tempo. Editora Vozes. 2015.

HINE, P. Pseudonomicon. Original Falcon Press. 2009.

HUSSERL, E. A Ideia da Femonologia: Cinco Lições. Editora Vozes. 2020.

LÉVI, É. Dogma e Ritual da Alta Magia. Editora Pensamento. 2017.

MARCONDES, D. Iniciação à História da Filosofia: Dos Pré-socráticos a Wittgenstein. Zahar. 1997.

MAUPOIL, B. A Adivinhação na Antiga Costa dos Escravos. EDUSP. 2017.

MORTON, L. Calling the Spirits: a history of seances. Reaktion Books.2020.

OTTO, R. O Sagrado. SINODAL. 2014.

PALAMAS, T. Syzygy: Reflections on the Monastery of the Seven Rays. Transmutation Publishing. 2015.

PAPUS. Tratado Elementar de Magia Prática. Editora Pensamento. 1978.

PARÉS, L. N. O Rei, o Pai e a Morte. Companhia das Letras. 2016.

PASQUALLY, M. De. Treatise on the Reintegration of Beins: In Their First Spiritual Divine Property, Virtue, and Power. Christian Faith Publishing. 2019.

PEDERSEN, B. S. Arts and the Occult –An Interview with Michael Bertiaux. https://www.academia.edu/22020281/Arts_and_the_Occult_An_interv iew with_Michael_Bertiaux Acesso em 04/01/2022.

RANDOLPH, P. B. & De Naglowska, M. Magia Sexualis: Sexual Practices for Magical Power. Inner Traditions International. 2012.

REGARDIE, I. The Golden Dawn: The Original Account of the Teachings, Rites and Ceremonies of the Hermetic Order. Llewellyn Publications. 2016.

REGIS, E. Vodu haitiano: Serviço aos Lwas. Daemon Editora, Selo Espelho de Circe. 2022.

RIGAUD, M. Secrets of Voodoo. City Lights Books. 2016.

_____. Ve-ve: Diagrammes rituels du Voudou. French & European Pubns. 1974.

ROGGEMANS, M. History of Martinism and the F.U.D.O.S.I. 2009.

RÖMER, T. A Origem de Javé: O Deus de Israel e seu Nome. Paulus Editora. 2016.

SMOLEY, R. Forbidden Faith: The Gnostic Legacy from the Gospels to The Da Vinci Code. Harper One. 2006.

SMOLEY, R. Gnosticismo: Esoterismo e Magia. Madras. 2019

TALLANT, R. Voodo in New Orleans. Pelican Pouch. 1994.

TANN, M. C. Haitian Vodu: An Introduction to Haiti´s Indigenous Spiritual Tradition. Llewellyn Publications. 2012.

TRINDADE, D., Linares, R. A. & Costa, W. V. Os Orixás na Umbanda e no Candomblé. Madras. 2014.

TRINDADE, D. & De La Croix, S. Vodu, Voodoo e Hoodoo: A Magia do Caribe e o Império de Marie Laveau. Arole Cultural. 2021.

WANG, R. O Tarô Cabalístico – Um Manual de Filosofia Mística. Editora Pensamento. 1998.

WOODWARD, S. Keys to the Hoodo Kingdom. Hellfire Books. 2017.

ZANDEE, J. Gnostics Ideas on the Fall and Salvation. *Numen*. Vol. 11. Fasc. 1. Páginas: 13-74. 1964

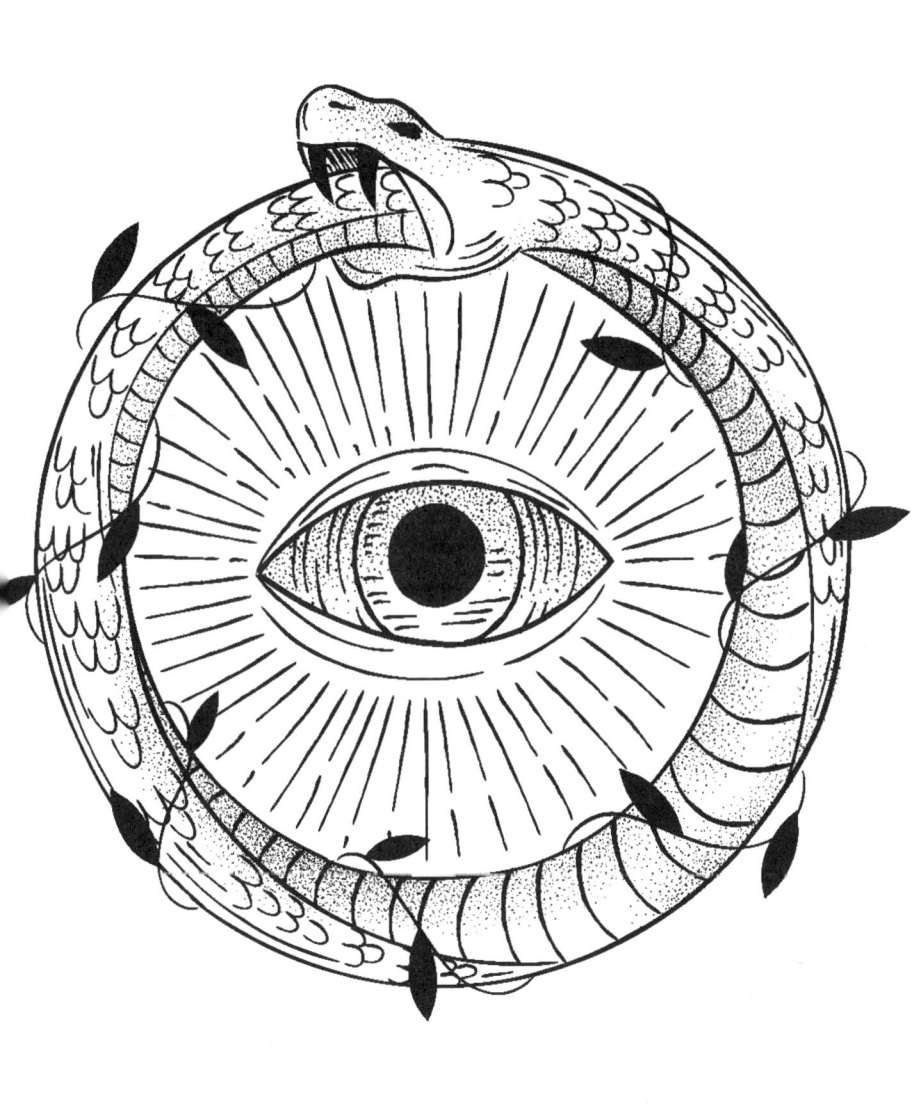

VOUDON GNÓSTICO

INTRODUÇÃO AOS RITOS E PRÁTICAS

Uma publicação da Arole Cultural

Acesse o site
www.arolecultural.com.br